PEDWAREDD
RHEOL
ANHREFN

Cyflwynaf y nofel hon i
fy mam, Nanna Davies

DANIEL DAVIES
PEDWAREDD RHEOL ANHREFN

y*olfa

Diolch i fy nghymar, Linda a'm chwaer, Jen, am eu cefnogaeth a chariad.

Hoffwn ddiolch hefyd i Lisa, Ieuan, Gwenno, Jessica a Mari.

Hefyd diolch i'r golygydd, Meleri Wyn James am ei hamynedd, dycnwch a dyfalbarhad dros y pedair blynedd diwethaf.

Yn olaf, diolch i Snwff am ei gyfraniad amhrisiadwy arferol.

Argraffiad cyntaf: 2019
© Hawlfraint Daniel Davies a'r Lolfa Cyf., 2019

Cynllun y clawr: Sion Ilar

Rhif Llyfr Rhyngwladol: 978 1 78461 716 5

Dymuna'r cyhoeddwyr gydnabod cymorth ariannol
Cyngor Llyfrau Cymru

Cyhoeddwyd ac argraffwyd yng Nghymru
ar bapur o goedwigoedd cynaliadwy gan
Y Lolfa Cyf., Talybont, Ceredigion SY24 5HE
e-bost ylolfa@ylolfa.com
gwefan www.ylolfa.com
ffôn 01970 832 304
ffacs 01970 832 782

I

Rheol Zeroth:
Mae'n rhaid chwarae'r gêm

1.

– Maen nhw'n mynd i ddod. Ddim heddiw efallai, ddim yfory efallai, ond cyn bo hir. Ac mae'n rhaid inni fod yn barod amdanyn nhw, meddai Dr Paul Price gan droi o'r ffenest a gwylio ymateb y pedwar oedd yn ei wynebu.

– Pwy sy'n mynd i ddod? gofynnodd Pat Burns, wrth eistedd yng nghwmni ei frodyr Declan a Liam, a'u cyfnither Llinos, o gwmpas bwrdd y gegin yn fflat Liam.

Roedd Pat wedi derbyn galwad ffôn gan Llinos y noson cynt yn erfyn arno ef a'i ddau frawd i gasglu Llinos a Paul o'r orsaf betrol 24 awr ger Dungarvan yng Ngorllewin Iwerddon yn ystod oriau mân y bore hwnnw, a'u cludo i dref glan môr Ballybunion.

– Oes gynnau gennych chi? Gorau po fwyaf, gofynnodd Paul oedd wedi troi'n ôl at y ffenest i aros am eu dyfodiad 'nhw'.

– Gynnau? Pam fydden ni'n berchen ar ynnau? Efallai dy fod ti yn Iwerddon. Ond dyw hi ddim yn 1919, ebychodd Declan.

– Neu haearn sodro, gwifren gopr a batris. I greu gwn Taser, meddai Paul heb dynnu ei lygaid oddi ar y ffenest wrth syllu ar fynedfa iard *Burns Motors and Haulage*.

– Am beth mae e'n mwydro, Llinos? gofynnodd Liam. Dyma'r tro cyntaf i gefndryd Llinos gwrdd â'i chariad hi, a hyd yn hyn doedd e ddim wedi creu argraff ffafriol. Ni ddywedodd Paul air wrth y tri wrth iddo gamu i'r car yn Dungarvan. Agorodd gliniadur Pat a gosod co bach ynddo cyn anfon e-bost. Caeodd y cyfrifiadur ag ochenaid o ryddhad ac roedd wedi syrthio i gysgu ymhen eiliadau, gan orfodi Pat i agor ffenestri'r car am fod Paul yn drewi cymaint.

– Ddwedest ti eich bod chi ar eich gwyliau ac wedi cael eich mygio yn Dungarvan. Pwy sydd ar eich holau chi, Llinos?

gofynnodd Pat. Trodd Paul o'r ffenest cyn i Llinos gael cyfle i ateb.

– Gwasanaeth cudd Prydain wrth gwrs. MI5.

Cododd Llinos a cherdded i ymuno â Paul wrth y ffenest.

– Anfonest ti'r wybodaeth ro'n nhw'n chwilio amdani o liniadur Pat. Mae popeth ar ben. Enillon ni. Dwi'n credu mai'r peth cyntaf ddylet ti neud yw mynd i gael cawod. Ti wedi bod yn y dillad 'na ers deuddydd, meddai Llinos yn gyflym gan grychu'i thrwyn.

Cododd Paul a theimlo ton o flinder yn lledu dros ei gorff. Ond dilynodd Liam i fyny grisiau'r fflat at ei ystafell wely a'i wylio'n ymbalfalu am ddillad glân i Paul.

– Dyma ni. Ti dipyn yn dalach na fi ond dyma'r gorau alla i gynnig am nawr. Bydd brecwast yn barod erbyn iti orffen, meddai Liam a dangos y ffordd i'r ystafell ymolchi.

Llifodd atgofion am ddigwyddiadau'r pedair awr ar hugain flaenorol drwy feddwl Paul wrth iddo sefyll dan ddŵr poeth y gawod. Y dyfodol oedd y peth diwethaf ar ei feddwl wrth i Llinos ac yntau frwydro am eu bywydau yn erbyn yr ysbiwyr a geisiodd eu lladd ar glogwyni Pwllderi yn Sir Benfro.

Ond gwyddai y byddai'n weddol rwydd i MI5 ddarganfod bod gan Llinos gefndryd yn byw ar arfordir Gorllewin Iwerddon. A fyddai MI5 am ddial arno am drosglwyddo damcaniaeth arloesol ei ddiweddar fentor yr Athro Mansel Edwards i Gene Diffring yn yr Unol Daleithiau a Gerd Maier ac Ute Fischer yn yr Almaen? Os felly, beth oedd y dewis? Ceisio dianc i wlad arall? De America? Antarctica? Pa fath o fywyd fyddai hwnnw iddo ef a Llinos? Bywyd o edrych dros eu hysgwyddau nes iddyn nhw gael eu lladd ar un o strydoedd cefn Buenos Aires.

Yna cofiodd Paul ei fod wedi cytuno ag awgrym Llinos, wrth iddyn nhw deithio ar y cwch o Gymru i Iwerddon, y dylai'r ddau briodi cyn gynted â phosib. Ofnai ei bod hi'n fwy tebygol mai angladd nid priodas fyddai tynged y ddau.

Pan ailymunodd â Llinos a'i theulu ugain munud yn ddiweddarach roedd Liam wrthi'n brysur yn coginio bacwn ac wyau ac roedd Declan newydd osod *cafetière* mawr o goffi ar y bwrdd.

– Blydi hel, Jac y Jwc, chwarddodd Llinos wrth weld Paul yn cerdded i mewn yn nhrowsus Liam, oedd fodfeddi'n rhy fyr iddo.

– Stedda, meddai Pat Burns yn awdurdodol wrth i Liam roi plât â dwy sleisen o facwn, madarch a dau wy o flaen Paul.

– Mae Llinos wedi esbonio popeth. Ry'n ni wedi trafod y mater 'da hi ac mae Declan, Liam a minnau'n gytûn mai'r peth gorau i'w neud yw hyn..., dechreuodd Pat.

Sylweddolodd Paul am y tro cyntaf fod Pat yn gawr o ddyn. Roedd yn bell dros chwe throedfedd o daldra gyda chorff cydnerth a gwallt, barf ac aeliau du trwchus. Roedd yr aeliau hynny wedi'u crychu y bore hwnnw wrth iddo ystyried y sefyllfa. A oedd hi'n ormod gofyn i Pat a'i frodyr gynnig lloches iddo ef a Llinos a pheryglu'u bywydau eu hunain a'u teuluoedd?

– Yn gynta, ddylech chi roi pob dim sydd wedi digwydd i chi ar bapur a phrintio sawl copi. Mi ofalwn ni fod y copïau'n cael eu rhoi i bobl ry'n ni'n ymddiried ynddyn nhw, rhai fydd yn cysylltu â'r wasg petaech chi'n cael... damwain, meddai Pat.

– Syniad da, atebodd Paul yn dawel.

– Ry'n ni'n parchu'r ffaith bod y ddau ohonoch chi wedi dweud y gwir am beth ddigwyddodd yn Sir Benfro ac ry'n ni am eich helpu chi. Er hynny mae'n rhaid i mi feddwl am y perygl i Caoimhe a'r plant, ychwanegodd Pat a throi i edrych ar Declan, oedd o'r un gorffolaeth ag ef, ond heb farf.

– Ac mae'n rhaid i mi feddwl am Moragh a'r mab, meddai Declan gan edrych ar Liam.

– Ac mae'n rhaid i mi feddwl am... wel, does gen i neb i feddwl amdano, ategodd Liam.

– Yn hollol. Dyna pam y bydd Paul a Llinos yn aros 'da ti fan hyn yn y fflat, ychwanegodd Pat.

– Dy'ch chi ddim am inni adael? gofynnodd Paul.

Cododd Pat ar ei draed a cherdded draw at Llinos cyn rhoi ei fraich am ei hysgwydd.

– Mae Llinos yn rhan o'r teulu a dwi ar ddeall dy fod tithe ar fin dod yn rhan o'r teulu hefyd. Mi allwch chi aros fan hyn hyd y mynnoch chi. Mi wnawn ni'n gorau glas i'ch diogelu chi, meddai.

– Mi af innau i Tralee y bore 'ma i brynu camerâu cylch cyfyng a larymau diogelwch ar gyfer y fflat. Ac mi gaiff Liam aros yma i'ch gwarchod, meddai Declan.

– Gyda phob parch, dwi ddim yn siŵr a fydd Liam yn ddigon i'n gwarchod ni rhag y bobl 'ma ar ei ben ei hun, meddai Paul gan edrych ar Liam, oedd oddeutu pum troedfedd a chwe modfedd o daldra ac yn denau fel styllen.

Chwarddodd Llinos a'r gweddill cyn i Pat esbonio.

– Roedd Liam yn dipyn o baffiwr pan oedd e'n ifanc. Mi gyrhaeddodd rownd gogynderfynol cystadleuaeth pwysau bantam amatur Iwerddon yn 1999... yn ddeunaw mlwydd oed... a dim ond colli o ran pwyntiau i Bernard Dunne... y *Dublin Dynamo*... a aeth ymlaen i fod yn bencampwr proffesiynol y byd, meddai'n llawn balchder.

– Amser maith yn ôl... bywyd arall. Symudodd Liam i godi plât gwag Paul oddi ar y bwrdd. Sylwodd Paul fod ganddo nifer o greithiau ar ei law dde.

– Be ddigwyddodd? gofynnodd a phwyntio at y briwiau.

– Ro'n i'n gweithio dan y car yn y garej tua chwe mis ar ôl colli i Bernard Dunne pan gwympodd y jac a syrthiodd olwyn ar fy llaw. Diwedd fy ngyrfa. Dwi ddim yn gallu cau fy nwrn yn iawn hyd heddiw, ond dwi dal yn gallu symud yn ddigon cyflym i amddiffyn fy hun… a'ch amddiffyn chi os bydd angen… gyda bat pêl fas.

– Dwi'n credu bod angen i chi'ch dau gael cysgad fach, awgrymodd Pat, gan godi o'i sedd yn arwydd bod y cyfarfod ar ben.

Hanner awr yn ddiweddarach, roedd Paul a Llinos yn gorwedd ym mreichiau'i gilydd yn ystafell wely sbâr Liam. – Mae dy gefndryd yn bobl ddewr iawn. Gwyddelod delfrydol, meddai Paul.

– Mae gen i rywbeth bach i gyfaddef iti, meddai Llinos yn dawel.

Trodd i wynebu Paul ond roedd hwnnw'n chwyrnu'n dawel gyda gwên siriol ar ei wyneb. Anwesodd ei dalcen a phenderfynu peidio â'i ddihuno. Yn hytrach gorweddai ar ei chefn yn syllu ar y nenfwd a chnoi ei gwefus gan feddwl am y drafodaeth a gafwyd tra roedd ei chymar yn cael cawod

* * * *

– Mae'n rhaid i chi'ch dau adael fan hyn heddiw, Llinos, sibrydodd Pat yn ffyrnig cyn rhuthro i sichrau bod drws y gegin ynghlo.

– Bore 'ma, ychwanegodd Declan, yn methu â chredu i Llinos fod mor ddifeddwl â rhoi'r teulu, ac yn enwedig y plant, mewn perygl.

– Ar unwaith. Fel ddywedodd Paul, mi allen nhw gyrraedd unrhyw funud, cytunodd Liam. Edrychodd allan o ffenestr y gegin yn llawn pryder, cyn i Pat ychwanegu.

– Dyw hyn ddim byd i'w wneud â ni. Dwi'n gwybod ein bod ni'n perthyn ond dim ond cefndryd ydyn ni wedi'r cyfan, Llinos. Alla i ddim peryglu bywydau Caoimhe, Kieren a Bernadette.

– Ac mae'n rhaid i mi feddwl am Moragh ac yn enwedig Finn… dim ond dyflwydd oed yw e, meddai Declan.

– A sut wyt ti'n meddwl alla i'ch amddiffyn chi gydag un dwrn? Ro'n i'n gallu osgoi ergydion y *Dublin Dynamo* ar un adeg, ond roedd hynny bron ugain mlynedd yn ôl ac mae amddiffyn dy hun rhag dwrn ac amddiffyn dy hun rhag bwled yn ddau beth hollol wahanol, meddai Liam.

Gwyddai Llinos fod y tri yn llygaid eu lle. Ond roedd hi wedi llwyr ymlâdd yn dilyn ei hymdrechion i atal yr ysbiwyr rhag ei lladd hi a Paul y noson cynt. Teimlai'r nerth yn llifo o'i chorff a'i hamrannau'n cau'n araf. Dim ond diwrnod neu ddau o seibiant oedd ei angen arni hi a Paul ac fe fydden nhw'n barod i feddwl am gynllun i osgoi dialedd MI5.

Cyn meddwl ddwywaith felly, dywedodd Llinos gelwydd noeth wrth ei chefndryd. Honnodd fod nerfau Paul ar chwâl am i'w waith fel gwyddonydd fod yn ormod iddo, ac yn sgil marwolaeth ei gydweithiwr yn yr Adran Gemeg yn Aberystwyth, yr Athro Mansel Edwards.

– Felly… ffantasi llwyr yw'r stori am yr ysbiwyr? Wel… mae hynny'n newid pethau. Ydy e'n debygol o niweidio'i hun neu rywun arall? gofynnodd Pat.

– Wel… mmm… mae'n isel ei ysbryd ac wedi colli arni rywfaint… *paranoia*… ie *paranoia*… dyna pam mae e'n meddwl bod MI5 yn ein herlid… a dyna pam dwi wedi dod ag e i Ballybunion. Dyna i gyd sydd ei angen arno yw tawelwch a chyfle i orffwys am ychydig, atebodd Llinos gyda gwefusau sych. Croesodd ei bysedd dan y bwrdd a gweddïo'n dawel am faddeuant.

Cytunodd y tri i ddymuniadau Llinos. Gobeithiai honno â'i holl galon na fyddai Paul na'i chefndryd yn darganfod y gwir am ei chelwydd dros y dyddiau canlynol, cyn iddynt ffoi unwaith eto. Tra'i bod hi'n gorwedd yn y gwely a gwrando ar ei chymar yn chwyrnu'n braf teimlodd ei stumog yn troi wrth feddwl am ganlyniadau erchyll ei chynllun petai'r ysbiwyr yn penderfynu parhau i'w herlid.

2.

– Dyna ni. Yr holl stori am beth ddigwyddodd i Llinos a fi yn Sir Benfro, meddai Paul gan droi o'r cyfrifiadur yn swyddfa Pat Burns ac aros i'r argraffydd brintio'r dystiolaeth. Tynnodd Pat y papur o'r teclyn a dechrau darllen.

Dydd Iau: Ebrill 21
Tystiolaeth Dr Paul Price i'w ryddhau i'r wasg a WikiLeaks os bydd yn marw o dan amodau amheus.

Dechreuodd popeth ddydd Gwener diwethaf. Treuliais y prynhawn yn dathlu gyda fy mentor, yr Athro Mansel Edwards, yn ein labordy yn adran Gemeg Prifysgol Aberystwyth. Roeddem newydd ddarganfod crisial hylifol ar gyfer y diwydiant teledu sy'n medru gweithio'n glir ar ffonau symudol. Darganfyddiad gwerth biliynau o bunnoedd.

Am fy mod i wedi ffraeo gyda'm cymar, Llinos Burns, yn ystod fy mharti pen-blwydd yn 30 oed y noson honno, penderfynais dreulio gwyliau'r Pasg yn cerdded arfordir Sir Benfro ar fy mhen fy hun heb wybod bod ysbiwyr arfog am fy lladd.

Wrth i un o'r cwmnïau technoleg mawr geisio dod o hyd i gyfrinach y dechnoleg newydd, cefais fy hysbysu fod Mansel Edwards wedi'i lofruddio. Ond roedd Mansel wedi llwyddo i guddio'r ddamcaniaeth arloesol, gan adael cliwiau fel y gallwn ddod o hyd iddi.

Erbyn hyn roedd fy nghymar, Llinos Burns, wedi ymuno â mi yn Sir Benfro mewn ymgais i adfer ein perthynas. Daethom o hyd i'r atebion i'r cliwiau gyda help dau Almaenwr, Otto Grünwald a Lotte Spengler, cyn teithio i Bwllderi lle dois i o hyd i'r ddamcaniaeth mewn ffon gof ger cofgolofn y bardd Dewi Emrys.

Yn anffodus cawsom ein dilyn gan ysbiwyr oedd yn gweithio i MI5 oedd am fy llofruddio i a Llinos wedi inni ddod o hyd i'r ffon gof.

Dywedodd Tom, oedd yn arwain yr uned o ysbiwyr MI5, fod y cwmni rhyngwladol mawr oedd am ddod o hyd i'r ddamcaniaeth arloesol mor bwerus nes bod y Deyrnas Unedig yn hollol ddibynnol ar y cwmni hwn a chwmnïau tebyg i greu a chynnal swyddi. Yng ngeiriau Tom 'mae amddiffyn y wladwriaeth bellach yn gyfystyr ag amddiffyn gofynion y cwmnïau mawr rhyngwladol'.

Ychwanegodd ei fod wedi llofruddio Mansel Edwards dridiau ynghynt am fod fy mentor wedi bwriadu anfon y ddamcaniaeth at wyddonwyr sy'n gosod damcaniaethau o'r fath ar y we, er mwyn i bawb eu gweld a'u defnyddio.

Llwyddon ni i ddianc o grafangau'r ysbiwyr i Iwerddon, ar fferi i Rosslare. Cyrhaeddon ni orsaf betrol 24 awr ger Dungarvan lle cyfarfon ni â chefndryd Llinos, sef Pat, Liam a Declan Burns, am bedwar o'r gloch y bore 'ma cyn imi anfon damcaniaeth yr Athro Mansel Edwards ar ffurf e-bost at ei ffrindiau a'i gyfoedion gwyddonol, sef Gerd Maier ac Ute Fischer yn Munich a Gene Diffring yn Nyffryn Silicon.

Mae'r holl dystiolaeth uchod yn gywir.

(Gweler mwy o fanylion am y dystiolaeth yn yr atodiad: Tair Rheol Anhrefn.)

Paul Price, BSc, PhD

– Tipyn o stori, chwibanodd Pat wrth gamu at ddrws y swyddfa a'i agor. – Dere mlân. Swper, ychwanegodd gan adael i Paul fynd heibio iddo a cherdded i'r gegin. Oedodd am eiliad cyn dychwelyd i'r swyddfa a thaflu'r darn papur i'r bin.

– Druan ag e, meddai o dan ei wynt.

Roedd Llinos Burns mewn cyfyng-gyngor wrth iddi eistedd gyda gweddill y teulu pan ymunodd Pat a Paul â nhw wrth y bwrdd bwyd. Roedd Paul a hithau wedi cysgu tan bump o'r gloch y prynhawn hwnnw. Roedd y gorffwys wedi atgyfnerthu Llinos ac erbyn hyn roedd hi'n teimlo'n euog am honni mai ffrwyth dychymyg Paul oedd ymgais ysbiwyr MI5 i'w lladd.

Cynyddodd ei heuogrwydd wrth iddi syllu ar blant Pat, sef Kieren oedd yn wyth mlwydd oed a Bernadette, oedd newydd ddathlu ei phen-blwydd yn bump oed.

Bu'n dawel iawn yn ystod y cwrs cyntaf, a phrin y cyffyrddodd â'r bowlennaid o gregyn gleision oedd o'i blaen. Roedd ei stumog yn troi wrth iddi syllu ar wynebau'r plant. Gwyddai nad oedd unrhyw esgus dros roi ei rhyddid hi a Paul cyn diogelwch y plant bach diniwed hyn.

Ni allai gyffwrdd â'i phrif gwrs o gig oen, tatws a llysiau gwyrdd chwaith. Cynyddodd ei chywilydd pan roddwyd Finn, plentyn dyflwydd oed Declan a Moragh, ar ei chôl tra roedd pawb yn bwyta'u pwdin.

Sut allwn i fod wedi gwneud y fath beth? meddyliodd, wrth i Finn roi ei fysedd bach o amgylch un o fysedd ei llaw chwith.

– Practis iti, Llinos. Soniodd Declan eich bod chi'n bwriadu priodi. Pryd mae'r diwrnod mawr? gofynnodd Moragh. Cododd Llinos ei phen a syllu'n daer ar Paul, oedd yn syllu'r un mor daer arni hi.

Oedodd y ddau cyn ateb.

– Dy'n ni ddim yn siŵr. Dyw'r sefyllfa ddim yn berffaith ar hyn o bryd... y busnes MI5 ac ati, atebodd Paul.

– O... ie... MI5... call iawn, atebodd Caoimhe'n gyflym, gan wincio'n gyfrinachol ar Llinos.

Gwridodd Llinos. Gwyddai ei bod wedi gwneud camgymeriad erchyll. Byddai'n rhaid iddi drefnu ei bod hi a Paul yn symud ymlaen cyn gynted â phosib. Cododd ar ei thraed a rhoi Finn yn ôl i'w fam. Aeth i sefyll ger ei chadair wrth y bwrdd bwyd a cheisio ysgogi ei hun i agor ei cheg i gyfadde'r cyfan.

Ond roedd Pat eisoes wedi codi ar ei draed i annerch y teulu a chroesawu Paul a Llinos i Ballybunion.

– Eistedda, Llinos. Gorffenna dy bwdin, meddai hwnnw.

Ufuddhaodd Llinos ac eistedd yn llipa a digalon yn ei chadair.

Roedd Pat Burns hefyd wedi bod mewn cyfyng gyngor ers dyfodiad Llinos a Paul y bore hwnnw. Fe fu pennaeth y teulu, Noel Burns, farw chwe mis ynghynt gan adael y cwmni ar y cyd i'r tri mab, a doedd ganddyn nhw ddim syniad sut i rannu'r enillion yn deg rhyngddynt.

Roedd Pat, yn ei eiriau'i hun, 'yn rhedeg yr asiantaeth Škoda orau rhwng Limerick a Cork'. Teimlai'n ddig, oherwydd er mai'r asiantaeth oedd yn creu'r elw mwyaf i'r cwmni o bell ffordd, roedd e'n ennill yr un cyflog â Declan a Liam.

Roedd Declan hefyd yn anniddig am fod y garej yn dal ei thir yn ariannol ond nad oedd Moragh ac yntau'n gweld llawer o'r elw roeddent yn ei haeddu.

Gwyddai Liam ei fod yn ennill llawer mwy na'i haeddiant. Roedd yn gyfrifol am gwmni o bedwar gyrrwr oedd yn gwneud colled heblaw am y cytundeb hirdymor â chwmni Volkswagen i gludo ceir yn ôl ac ymlaen o Ewrop.

Bu'r tri'n trafod a dadlau am ddyfodol y busnes dros y misoedd ar ôl i Noel farw, ac roedd Pat yn amau mai'r peth gorau fyddai gwerthu'r cwmni a rhannu'r elw rhwng y tri cyn i'r broblem rwygo'r teulu.

Ond wrth drafod helbulon Paul a Llinos y bore hwnnw cafodd syniad. Efallai bod 'na ryw fath o ragluniaeth yn perthyn i ddyfodiad y ddau, meddyliodd. Tra'u bod yn cysgu yn ystod y prynhawn trafododd Pat ei syniad â gweddill y teulu, gan daro ar y cynllun roedd ar fin ei wintyllu wrth y bwrdd bwyd.

– Yn anffodus mae'r busnes wedi bod mewn trafferthion ers i dad farw. Ry'n ni angen rhywun allwn ni ymddiried ynddyn nhw i roi'r gwaith papur mewn trefn er mwyn canfod ffordd decach o redeg y cwmni yn y dyfodol.

Gwenodd Paul ac amneidio'i ben wrth sylweddoli y byddai ei wybodaeth fathemategol a chyfrifiadurol o fudd mawr i'r teulu. Byddai prosiect o'r fath yn un gwych i gadw'i ymennydd yn siarp yn ogystal â helpu i ad-dalu'r teulu am eu caredigrwydd.

Yna ychwanegodd Moragh, gwraig Declan:

– Hefyd mae'r ferch sy'n cynorthwyo yn y siop trin gwallt yn rhoi'r gorau iddi am gyfnod am ei bod yn feichiog. Mi fydda i angen rhywun i helpu i olchi gwallt y cwsmeriaid, ateb y ffôn a chadw'r lle'n daclus am y saith neu wyth mis nesaf.

Lledodd gwên Paul. Cododd ar ei draed i ddiolch i'r teulu Burns.

– Os ca i ddeud gair ar ran Llinos a minne. Mi fydd hi'n fraint i mi gael helpu â'r gwaith cyfrifiadurol, Pat a dwi'n siŵr y bydd Llinos yn gaffaeliad mawr i'r siop trin gwallt. Dwi'n hen gyfarwydd â datrys problemau sy'n ddigon tebyg i'ch problemau chi. Er enghraifft... dwi'n cofio pan o'n i'n gweithio ym Munich ddwy flynedd yn ôl..., meddai, cyn i Pat ymyrryd.

– … diolch, Paul. Ond dy'n ni ddim am roi gormod o straen arnoch chi dan yr amgylchiadau. Ry'n ni'n meddwl y bydd Llinos yn fwy addas ar gyfer y gwaith dan sylw. Mae hi'n aelod o'r teulu ac mae'r tri ohonon ni wedi cytuno i dderbyn ei hargymhellion ynglŷn â'r ffordd orau o redeg y cwmni o hyn ymlaen.

– Beth? Ry'ch chi am i Llinos wneud y gwaith?

– Ydyn. Mae Llinos yn athrawes astudiaethau busnes ac mi helpodd i achub garej Wncwl Joe ym Machynlleth gyda'i harbenigedd mewn economeg rai blynyddoedd yn ôl, atebodd Declan.

– Ac ry'n ni'n gobeithio y gall hi gyflawni'r un gamp i ni, ychwanegodd Liam.

– Ond… ond… meddai Llinos yn dawel gan fethu ag yngan gair arall am y tro.

– Does dim rhaid iti ddiolch inni, Llinos. Mi fyddi di'n gwneud cymwynas fawr â'r teulu, meddai Pat.

– Mwy o bwdin, Paul? gofynnodd Caoimhe yn gweld y siom ar ei wyneb.

– Falle galla i helpu Llinos? Fel ddwedais i, mae fy ngwybodaeth o systemau mathemategol yn wych. Er enghraifft… pan o'n i'n gweithio yn Munich ddwy flynedd yn ôl, mentrodd Paul eto cyn i Moragh gynnig esboniad.

– Roedden ni'n gobeithio y gallech chi fy helpu i yn y siop trin gwallt. Mi allech chi gysgodi'r cynorthwyydd presennol nes iddi orffen ymhen pythefnos. Gwaith rhwydd nes i chi… wel… nes i chi fod yn barod i… wel… mi fyddwch chi'n gaffaeliad mawr i'r busnes, meddai Moragh, oedd bron â gadael y gath o'r cwd am salwch Paul.

– Fi?

– Ry'ch chi'n gemegydd. Mi fyddwch chi'n help mawr

gyda'r triniaethau sy'n cynnwys hydrogen perocsid ac ati, ychwanegodd Caoimhe'n gelwyddog a rhoi darn mawr o gacen gaws oren o flaen Paul.

– Ie, mi fyddwch chi'n gymorth mawr i'r *Perminator,* meddai Declan yn defnyddio llysenw'r teulu am Moragh.

– Ac mi fydd y ddau ohonoch chi'n cael eich talu'n deg am eich gwaith, ychwanegodd Pat wrth weld fod Llinos yn rhythu arno.

Digon yw digon, meddyliodd Llinos gan godi ar ei thraed.

– Na! meddai.

– Na? gofynnodd Declan.

– Pam lai? cytunodd Liam.

– Mi fyddet ti'n gwneud ffafr fawr â'r teulu petaet ti a Paul yn ein helpu nawr. Ry'n ni mewn tipyn o argyfwng ar hyn o bryd, awgrymodd Pat a chau ei lygaid am ennyd cyn annerch Paul a Llinos.

– Mi fyddwch chi'ch dau yn llawer mwy diogel os arhoswch chi 'da ni yn Ballybunion. Mi fydd hi'n fwy anodd i MI5 ddial arnoch chi os byddwn ni'n eich gwarchod. Wrth gwrs, ry'n ni'n deall bod Paul wedi diodde llawer yn ddiweddar a bod angen tawelwch a chyfle i orffwys arno am gyfnod, ychwanegodd.

– Wedi'r cyfan dy'n ni ddim am i unrhyw beth darfu ar ei wellhad ar ôl beth ddigwyddodd yn Sir Benfro... ydyn ni, Llinos?

Sylweddolodd fod Pat yn ei herio. Gwyddai mai hwn oedd ei chyfle olaf i ddweud y gwir am ei chynllun gorffwyll a sicrhau diogelwch pawb yn yr ystafell. Ond roedd cyfuniad o flinder llethol a'i hystyfnigrwydd cynhenid wedi ei drysu'n llwyr. Y gwir oedd nad oedd ganddi'r egni i gyfaddef ei chamsyniad.

– Wel... beth amdani?

– O'r gorau... mi fydda i... mi fyddwn ni'n hapus iawn i helpu'r teulu, sibrydodd.

3.

Y bore canlynol, prynodd Paul ddau becyn o fatris AA a dau gamera rhad o siop gornel yng nghanol Ballybunion. Prynodd haearn sodro, gwifren gopr a dwy follten o siop nwyddau gyfagos.

Agorodd un o'r camerâu a datgysylltu'r prif fwrdd cylched a chapasitor y fflach. Yna cysylltodd y rhain â'r pedwar batri cyn eu gosod hwythau yn eu tro yn sownd i fotwm y camera, yna sodro'r bolltau wrth y ddyfais. Byddai'n rhoi sioc o 400,000 o foltau i unrhyw un fyddai'n ei gyffwrdd, sioc fyddai'n cyfateb i bob pwrpas â nerth gwn Taser ac un a fyddai'n ddigon cryf i fwrw unrhyw ymosodwr yn anymwybodol am rai eiliadau.

Gan fod Paul wedi prynu dau gamera a dau becyn o fatris, ymhen hanner awr arall roedd ganddo ddau wn Taser, un yr un i Llinos ac yntau.

Ond er mawr syndod i'r cwpwl, ni ddigwyddodd unrhyw beth amheus yn ystod y pythefnos ganlynol. Yn ddyddiol cynyddodd eu gobaith fod ysbiwyr MI5 wedi rhoi'r gorau i chwilio amdanynt. Y cam nesaf felly oedd ceisio creu rhyw fath o fywyd normal yn eu cartref newydd yn Ballybunion.

Safai siop trin gwallt *Cutey Curls* ar brif stryd y dref, rhwng siop hufen iâ *Wolf Cones* a siop garpedi *Emerald Pile*. Cafodd Moragh a'i chynorthwyydd, Deirdre, eu siomi o'r ochr orau gan frwdfrydedd Paul yn ystod y bythefnos y bu wrthi'n cysgodi'r ddwy. Benthycodd lyfrau trin gwallt ganddynt a bu'n pori trwyddynt bob nos neu'n gwneud ymchwil ar liniadur Liam tra roedd Llinos yn chwarae ar Xbox 360.

Roedd fflat Liam Burns wedi'i leoli ar un ochr i adeilad hir oedd hefyd yn cynnwys garej a swyddfa gwerthu ceir *Burns Motors & Haulage*. Roedd ef ac un o'i dîm bach o yrwyr oddi cartref am wythnos, yn cludo ceir Škoda o'r Weriniaeth Tsiec i Iwerddon. O ganlyniad cafodd Paul a Llinos amser iddyn nhw'u hunain yn ystod y nosweithiau. Teimlai'r ddau'n weddol ddiogel oherwydd y camerâu cylch cyfyng y tu mewn a thu allan i'r fflat.

– Mae Moragh yn dweud falle galla i ddechrau golchi gwallt y cwsmeriaid erbyn diwedd yr wythnos, meddai Paul wrth ymuno â Llinos ar y soffa ar ddiwedd diwrnod diddorol yn dysgu am *berms* asidig.

Pwysodd draw gan geisio rhoi sws glec ar foch ei gariad. Ond llwyddodd honno i osgoi ei ymdrechion.

– Damo. O'n i bron â lladd Nikita Dragovich… Be ddwedest ti? Rhoddodd Llinos y gorau i'w hymdrechion ar *Call of Duty: Black Ops* a thaflu consol yr Xbox o'r neilltu.

Closiodd Paul ati unwaith eto a cheisio rhoi ei fraich am ei hysgwyddau. Cododd hithau a cherdded i'r gegin i ferwi'r tegell.

– Dwi ddim yn gwybod pam ti'n chwarae'r gemau Xbox 'na. Maen nhw'n gwneud menyn o dy ymennydd, meddai Paul yn uchel, yn codi o'r soffa ac ymuno â Llinos.

– Mae'n waith caled trio cael trefn ar gyfrifon y cwmni. Mae chwarae'r gemau 'ma'n rhoi cyfle imi ymlacio ar ddiwedd y dydd, atebodd Llinos. Closiodd Paul ati a cheisio'i chofleidio.

– Oes rhaid iti fy nilyn i i bobman? ebychodd Llinos, gan gamu i ffwrdd – Cer i gael cawod. Ti'n drewi o gynnyrch gwallt bob nos. Mae fel byw gyda Nicky Clarke.

– Ac i mi mae fel byw 'da phlentyn deg mlwydd oed. Dwyt

ti ddim wedi tynnu dy lygaid oddi ar yr Xbox 'na ers wythnos, meddai Paul.

– Mae'n well na gorfod gwrando arnat ti'n mynd mlân am *Cutey Curls* drwy'r nos... *ma Moragh yn dweud 'mod i'n wych... ma Moragh yn dweud bod gen i ddwylo perffaith i fod yn dorrwr gwallt... Moragh... Moragh... Moragh...*

Gwenodd Paul, yn cymryd cam yn ôl ac amneidio'i ben.

– Dwi'n gwybod beth sy'n bod... ti'n dal i bwdu am imi wrthod cytuno i adael Ballybunion 'da ti'r noson gynta o'n ni 'ma, meddai.

Gwgodd Llinos. Roedd Paul wedi taro'r hoelen ar ei phen.

– Ti ddwedodd y byddai MI5 yn ein herlid... nid heddiw falle, nid fory, ond cyn bo hir, meddai.

– O'n i o dan straen ar y pryd, Llinos. Ry'n ni wedi bod 'ma ers pythefnos a does dim byd wedi digwydd. Ballybunion fyddai un o'r llefydd cynta fydden nhw'n edrych amdanon ni. Mae gwybodaeth Mansel yn nwylo Diffring, Maier a Fischer. Fel ddwedest ti. Mae popeth ar ben. Ni wedi ennill y dydd.

Ond erbyn hyn roedd euogrwydd Llinos am ei phenderfyniad yn cnoi ei chydwybod yn awchus.

Brathodd ei gwefus a sythu wrth ddweud – Os felly, pam wnest ti gytuno i sgrifennu pob dim am beth ddigwyddodd yn Sir Benfro a'i roi yn nwylo Pat i roi i'w gyfreithiwr ac aelodau eraill o'r teulu? Pam ydw i wedi gorfod sgrifennu llythyr yn ymddiswyddo o'r ysgol yn Aberystwyth a chael Liam i'w bostio yn Lloegr ar ei ffordd i'r cyfandir? Pam nad ydyn ni'n defnyddio'n e-byst? Pam wyt ti'n dal i gadw dy Taser ym mhoced dy got? A pham nad wyt ti am inni ddechrau trefnu'r briodas? Mae'r ddau ohonon ni'n gwybod yr ateb, on'd y'n ni, Dr Price?... am nad wyt ti'n siŵr a fyddan nhw'n ceisio'n lladd ni ai peidio, meddai Llinos gan boeri'r geiriau'n chwyrn. Y gwir oedd ei bod yn ceryddu ei hun gymaint ag yr oedd hi'n beio ei chymar. Daeth dagrau i'w llygaid wrth i'r straen o boeni am ei phenderfyniad hunanol fod yn ormod iddi.

Gafaelodd Paul yn dynn yn llaw Llinos.

– Ti'n iawn. Ond mae rheolau tebygolrwydd yn awgrymu ei bod hi'n annhebygol y bydd unrhyw un yn ceisio'n niweidio ni nawr. Mae'n well inni aros fel ydyn ni am 'bach a gobeithio am y gorau. Ta beth, does gennon ni ddim digon o arian i redeg am byth... heb sôn am briodi. Mi ddylen ni aros 'ma nes i ti orffen dy waith gyda'r cwmni o leia... mis neu ddau. Mae gen i deimlad ym mêr fy esgyrn na fyddwn ni'n gweld unrhyw aelod o MI5 byth eto.

– Gobeithio dy fod ti'n iawn, Paul, meddai Llinos heb fawr o arddeliad.

– Gyda llaw... dwi wedi bod o ddefnydd i Moragh yn barod. Sylwais i fod un o'r bleinds wedi torri yn y storfa'r pnawn 'ma, ychwanegodd.

– Wpidŵ, atebodd Llinos. Camodd yn ôl i'r lolfa ac ailgydio yn y consol a'i gornest yn erbyn Nikita Dragovich.

– Na... mae hyn yn ddiddorol iawn, Llinos. Mae gan Moragh nifer o boteli o berocsid yn y storfa ac os cân nhw ormod o olau'r haul mae'r hylif yn twymo... ac mi all ffrwydro. Oeddet ti'n gwybod bod terfysgwyr yn... daliodd Paul ati i barablu.

Roedd Llinos wedi hen arfer â'i areithiau gwyddonol diflas. Doedd hi ddim ond yn hanner gwrando ar ddarlith ei chymar wrth iddi ddechrau chwarae'r Xbox.

4.

Dechreuodd Deirdre ar ei chyfnod mamolaeth yr wythnos ganlynol. Ysgwyddodd Paul y cyfrifoldeb o olchi gwallt dros ugain o gwsmeriaid dan hyfforddiant Moragh Burns yr wythnos honno.

Cafodd Moragh ei phlesio gymaint gan ymdrechion Paul nes iddi benderfynu ei adael ar ei ben ei hun yn y siop am y tro cyntaf yn hwyr ar y pnawn Gwener, er mwyn iddi allu trin gwallt un o'i chwsmeriaid hŷn oedd yn gaeth i'w chartref.

– Does neb wedi bwcio am yr awr ola, felly, 'na'i gyd sydd angen iti neud yw tacluso'r salon a delio ag unrhyw ymholiadau. Galwa draw â'r allweddi heno, meddai, cyn rhuthro o'r siop.

Roedd Paul yng nghefn y salon ac yn teimlo ar ben ei ddigon am fod Moragh wedi caniatáu iddo ddechrau rhoi *perms* i rai o'r cwsmeriaid o dan ei goruchwyliaeth maes o law. Roedd e'n meddwl am fanteision ac anfanteision *perms* asidig ac alcalïaidd pan glywodd gloch drws y siop yn canu.

Camodd i mewn i'r salon a gweld dyn tenau, gosgeiddig yn ei bumdegau cynnar yn ei wynebu. Roedd wedi'i wisgo'n drwsiadus ac roedd ganddo fag lledr du yn ei law chwith.

– Alla i'ch helpu chi? gofynnodd Paul yn Saesneg, gan deimlo braidd yn nerfus am fod y dyn yn sefyll â'i law dde ym mhoced ei siwt. Oedd e'n dal rhywbeth yno? Ceryddodd ei hun am fod mor ofnus. Roedd mewn perygl o golli arni petai'n dechrau meddwl bod pawb a ddeuai i'r siop trin gwallt am ei ladd.

– *Trim* os gwelwch yn dda, meddai'r dyn yn Saesneg gydag acen Wyddelig, heb symud modfedd.

– Yn anffodus dwi ddim wedi fy hyfforddi i dorri gwallt eto. Ond mi alla i drefnu apwyntiad ar gyfer yr wythnos nesa pan fydd Ms Moragh ar gael, meddai Paul gan gamu y tu ôl i'r cownter ac agor y llyfr.

– Hmmm... beth am liwio gwallt? Ydych chi'n gwneud hynny? Dwi awydd rhyw newid bach. Falle bydd pobl yn meddwl 'mod i'n cael *midlife crisis*... ond dim ond unwaith mae'r rhan fwya ohonon ni'n byw, ynte? meddai'r dyn.

– Yn anffodus alla i ddim gwneud hynny chwaith, atebodd Paul, yn gwylio'r dyn yn cymryd ei law yn araf o'i boced a throsglwyddo'r bag o'i law chwith i'w law dde, cyn rhoi ei law chwith ym mhoced ei siwt.

Gwenodd y dyn arno.

– O! Dyna siom yn wir. O'n i'n meddwl y byddech chi o bawb yn gallu gwneud gwyrthiau â chemegau trin gwallt... a chithau'n wyddonydd mor wych... Dr Price.

Safai Paul fel delw yn wynebu'r dyn. Sylweddolodd fod y Taser ym mhoced ei got, oedd yn hongian yng nghefn y salon. Cafodd syniad. Symudodd ei law yn araf ar hyd y bwrdd i gydio mewn raser, gan gadw'i lygaid ar y dyn wrth i hwnnw gamu'n araf tuag ato. Ei unig obaith oedd ei drywanu yn ei law a rhuthro allan o'r siop yn gweiddi am help gan bobl ar y stryd cyn i'r ysbïwr gael cyfle i dynnu ei gyllell neu ddryll allan o'i boced, meddyliodd.

– Arhoswch fan'na. Peidiwch â chymryd un cam arall... a chadwch eich llaw yn eich poced, gwaeddodd Paul yn codi'r raser o'r bwrdd.

– Beth y'ch chi'n bwriadu'i wneud? Fy nghribo i i farwolaeth? chwarddodd y dyn wrth i Paul sylweddoli ei fod wedi codi crib yn hytrach na raser.

– O'n i'n disgwyl gwell gan rywun a lwyddodd i oresgyn cymaint o ysbiwyr ym Mhwllderi fis yn ôl. Ta beth, pa wasanaeth allwch chi ei gynnig o ran y gwallt? ychwanegodd ac eistedd yn un o seddi'r salon.

– Siampŵ? atebodd Paul heb feddwl.

– Siampŵ amdani, meddai'r dyn, wrth weld bod Paul yn dal i sefyll fel delw y tu ôl i'r cownter.

– Peidiwch â phoeni, Dr Price. Dwi ddim yma i'ch lladd chi. I'r gwrthwyneb. Dwi yma i'ch gwobrwyo. Ta beth, fydden i ddim yn ysbïwr da iawn petawn i'n ceisio'ch lladd chi fan hyn, lle gallai rhywun gerdded i mewn unrhyw eiliad, ac yng ngolwg camera cylch cyfyng y siop, ychwanegodd, gan droi'i ben i wynebu'r camera a chwifio'i fraich.

– Pwy y'ch chi a beth y'ch chi mo'yn? gofynnodd Paul.

– Galwch fi'n Bond... James Bond. Mae'r enw hwnnw yr un mor addas ag unrhyw un arall... a dwi am gael siampŵ... ac mi fyddai paned o de'n neis... dau siwgr... *stirred not shaken.*

Camodd Paul at ei gwsmer a thaflu smoc o'i amgylch. Trodd y sedd rownd mewn hanner cylch cyn gwasgu lifer â'i droed, yna gwthio pen Bond yn ôl yn erbyn y sinc yn barod i olchi'i wallt.

– Proffesiynol iawn. Does dim pen draw i'ch talentau, Dr Price.

– Man a man ichi gael gwybod ein bod ni wedi cadw cofnod o bopeth a ddigwyddodd yn Sir Benfro ac wedi rhoi'r wybodaeth mewn dwylo diogel, rhag ofn i rywbeth anffodus ddigwydd i Llinos neu finne yn y dyfodol, meddai Paul gan agor y tapiau yn barod i ddechrau ar ei dasg.

– Call iawn. Pa siampŵ fyddech chi'n ei argymell? gofynnodd Bond.

– Mae gennoch chi wallt sych. Dwi'n credu mai Jojoba fyddai orau. A dwi'n amau eich bod chi'n diodde o Trichorrhexis nodosa, atebodd Paul yn hyderus.

– Mae'n swnio'n boenus iawn... neu fel albwm o'r 80au cynnar gan *The Police.* Beth yw eich diagnosis? Ydy'r cyflwr yn un difrifol? Dwi'n ddigon dewr i gael gwybod y gwir, Doctor.

– *Split ends.* Dwi'n argymell eich bod yn defnyddio cyflyrydd sy'n trwchu'r gwallt, atebodd Paul gan ddechrau tylino'r pen â'r siampŵ Jojoba.

– Gwybodus dros ben. Ta beth... i droi at faterion mwy difrifol. Dwi'n credu y byddai'n syniad da petaech chi a Miss Burns yn aros yn Ballybunion am ychydig. Mae'n amlwg bod gennych chi yrfa ddisglair fel *crimper* o'ch blaen, meddai Bond.

– Pam ddylen i wrando arnoch chi ar ôl i Tom a gweddill eich cydweithwyr yn MI5 geisio'n lladd ni? Dwi'n cymryd mai i MI5 ry'ch chi'n gweithio, meddai Paul.

Amneidiodd Bond cyn i Paul droi'r sedd rownd mewn hanner cylch a lapio tywel am ben ei gwsmer a dechrau rhwbio'i wallt yn galed.

– *Easy Tiger*. Mi alla i gadarnhau bod Tom a'r gweddill, heblaw am yr ysbïwraig ry'ch chi'n ei hadnabod fel Carla, yn arfer cael eu cyflogi gan Lywodraeth Ei Mawrhydi... cyn cael eu llwgrwobrwyo i weithio i gwmni rhyngwladol sydd dan ymbarél Llywodraeth arall. Yn fyr, mae Tom a'r gweddill yn fradwyr. Ond yn ffodus i chi... ac i ni... mi lwyddoch chi i'w goresgyn. Edrychodd Bond ar yr adlewyrchiad yn y gwydr o'i flaen. Ceisiodd Paul ddadansoddi'r wybodaeth wrth olchi'r siampŵ ymaith.

– Ond a fydda i a Llinos a'n teuluoedd yn ddiogel o hyn mlân? gofynnodd ar ôl pendroni am rai eiliadau.

– Byddwch, os dilynwch chi fy nghyfarwyddyd i, Dr Price. Dwi'n awgrymu eich bod chi'n dechrau dysgu chwarae'r tabwrdd dros y misoedd nesa, ac yn mwynhau'r wlad brydferth hon nes inni gau pen y mwdwl ar bopeth. Os na fyddwch chi'n gwneud hynny mi fyddwch chi a'ch teuluoedd mewn perygl, meddai Bond. Amneidiodd Paul ei ben yn araf cyn i'r ysbïwr ymhelaethu.

– Wrth gwrs dwi'n derbyn nad y'ch chi'n credu'r un gair o hyn. Ond… petawn i'n chi, mi fydden i'n prynu copi o *New Scientist* wythnos nesa. Dwi'n credu y bydd rhywbeth o ddiddordeb i chi'n ymddangos yn y cylchgrawn gwych hwnnw a fydd yn profi ein bod ni ar yr un ochr, meddai Bond wrth i Paul orffen sychu ei wallt. Trodd y sedd yn ôl hanner cylch, gwasgu lifer i'w chodi a thynnu'r smoc oddi ar ei gwsmer.

– Dyna ni. Deg ewro ar ei ben os gwelwch yn dda, meddai'n swta cyn cerdded at y cownter. Trodd a gweld fod Bond wedi agor ei fag ac wedi gosod llwyth o arian papur ar y ddesg.

– Beth yw hwn?

– Eich tâl… deg… mil… ewro. Mae Llywodraeth Ei Mawrhydi am ddangos ei gwerthfawrogiad o'ch gwaith gwych yn goroesi'r bradwyr ym Mhwllderi. Dwi'n siŵr y bydd hwn o fudd i chi a Miss Burns yn ystod y cyfnod sydd i ddod.

– Na. Byth. Dwi ddim yn eich trystio chi, Mister Bond. Dwi'n fodlon aros fan hyn a chadw'n dawel… ond alla i ddim derbyn yr arian… yn enwedig ar ôl beth ddigwyddodd i Llinos a finne yn Sir Benfro… ac yn enwedig i Mansel Edwards, meddai Paul yn dawel.

– O'r gorau. Deall yn iawn. Dwi ddim yn cwrdd â dynion ag egwyddorion yn aml. Mi gwrddwn ni eto, meddai Bond. Rhoddodd yr arian yn ôl yn ei fag a thynnu 10 ewro yn ôl allan a'i roi ar y cownter. Cerddodd at ddrws y siop, cyn troi a dweud,

– Gyda llaw, llongyfarchiadau mawr i Moragh Burns am eich addysgu cystal, a phob dymuniad da i Pat, Liam, Declan a gweddill y teulu.

Gwyddai Paul heb unrhyw amheuaeth y byddai'n rhaid iddo ufuddhau i ddymuniadau'r ysbïwr er mwyn gwarchod y teulu Burns. Oerodd trwyddo wrth sylweddoli os gallai Bond ddod o hyd iddo y gallai eraill, llai cyfeillgar o lawer, ei ddilyn. Dim heddiw efallai, ddim yfory efallai, ond cyn bo hir.

5.

Cloiodd Paul ddrws y siop trin gwallt ddwy funud yn ddiweddarach. Penderfynodd fynd am dro hir i hel ei feddyliau yn dilyn ymweliad Bond. Rhoddodd allweddi'r salon ym mhoced ei got a dechrau cerdded tuag at y traeth gan anwesu ei Taser. Safodd yn hir yn gwylio'r llanw'n dod i mewn. Er ei bod hi'n noson oer, wyntog ar ddechrau mis Mai roedd Paul yn chwys diferu wrth bendroni ynghylch holl oblygiadau ymweliad Bond. A ddylai ymddiried yn yr ysbïwr? Oedd hi'n bryd i Llinos ac yntau ffoi unwaith eto? Os felly, i ble? Neu a ddylai ddiflannu ar ei ben ei hun? Oedd hi'n deg gorfodi Llinos i ffoi hefyd am weddill ei hoes? Tynnodd hances o boced ei got a sychu'i dalcen cyn penderfynu troi tua thre.

Roedd wedi cerdded hanner canllath ar hyd y promenâd pan glywodd rhywun yn gweiddi y tu ôl iddo. Trodd a gweld cwpwl canol oed yn cerdded yn gyflym tuag ato. Roedd y ddau'n edrych yn gyfarwydd o bell. Roedd gan y dyn ffrwd o wallt gwyn ac roedd cudynnau'r fenyw wedi'u clymu mewn bynsen y tu ôl i'w phen. Rhewodd Paul yn ei unfan wrth iddo sylweddoli pwy oedden nhw, dau o'i elynion yn Sir Benfro, yr ysbiwyr Jean a Bob Runcie.

Dechreuodd redeg nerth ei draed. Ar ôl deg eiliad trodd i weld pa mor agos oedden nhw gan faglu a syrthio dros ddarn o froc môr. Gwingodd cyn rhoi ei law ym mhoced ei got. Gafaelodd yn y Taser mewn ymdrech i amddiffyn ei hun. Ond roedd hi'n rhy hwyr. Safai'r ddau uwch ei ben. Arhosodd am yr ergyd olaf.

– Ydych chi'n iawn? gofynnodd y dyn, gan estyn ei fraich i helpu Paul i godi ar ei draed.

Syllodd Paul ar y cwpl a sylweddoli ei fod wedi gwneud camgymeriad. Er bod y pâr hyn hefyd yn eu pumdegau gyda gwallt gwyn a phryd a gwedd tebyg, nid Bob a Jean Runcie oedden nhw. Gwenodd mewn rhyddhad wrth dderbyn llaw'r dyn a chodi o'r llawr.

– Ai chi sy berchen yr allweddi hyn? gofynnodd y fenyw, yn dal allweddi'r siop trin gwallt o'i blaen.

– Ie. Diolch yn fawr, atebodd.

Ffarweliodd Paul â'r ddau a sylweddoli ei fod yn crynu trwyddo. Byddai'n rhaid i Llinos ac yntau gael sgwrs ddwys am eu dyfodol, meddyliodd wrth iddo gerdded yn gyflym yn ôl i fflat Liam.

Roedd Llinos yn eistedd ar y soffa'n chwarae ar yr Xbox eto pan gyrhaeddodd y tŷ.

– Diwrnod da? Ti'n hwyr heno, gwaeddodd arno. – Marwa'r diawl annifyr... 'na ni... dwy fil o bwyntiau ychwanegol, meddai, gan osod y consol ar y bwrdd o'i blaen a chodi i gofleidio Paul.

– Ti awydd mynd mas heno? Mae band Céilí yn chwarae ym mar McMunns, meddai.

– Mi fyddai'n gyfle imi astudio arbenigwyr yn chwarae'r tabwrdd. Cofiodd Paul gyngor Bond ddwy awr ynghynt.

– Am beth wyt ti'n sôn? gofynnodd Llinos, cyn i Paul ei thywys yn ôl at y soffa a disgrifio'r ymweliad gan aelod o Wasanaeth Cudd Prydain.

– Felly... yr argraff gefais i oedd y bydden ni'n ddiogel petaen ni'n aros fan hyn ac yn byw'n dawel nes iddo gysylltu â ni eto, meddai.

– Ai dyna'r cyfan ddigwyddodd? gofynnodd Llinos, wrth giledrych ar Paul.

– Na... mi gynigiodd e arian i mi... deg mil Ewro... i ddiolch imi am fy ngwaith yn dinistrio'r uned oedd yn gweithio i'r cwmni rhyngwladol... neu'r gelyn go iawn, yn ôl Bond, sef Llywodraeth gwlad arall.

– ... neu i ddiolch i *ni* am ein gwaith falle, Paul?

– Sori... ie... i ddiolch i ni am *ein* gwaith. Ond gwrthodais i'r arian.

– Da iawn ti, Paul, meddai Llinos â thinc o wawd yn ei llais.

– Faint o'r gloch oedd hyn?

– Toc wedi tri? Pam wyt ti'n gofyn?

– Oherwydd daeth dyn o'r enw Mr Bond i 'ngweld i yn swyddfa Burns Motors gan esgus ei fod yn ddyn treth tua phedwar o'r gloch.

– Beth?

– Mi ddwedodd yr un peth wrtha i... heblaw am ychwanegu dy fod ti wedi gwrthod yr arian. Yn ffodus dwi'n fwy ymarferol o lawer na ti, Paul... felly mi dderbyniais i'r arian. Taflodd Llinos y clustog o'r neilltu ar y soffa a chodi'r pecynnau arian oedd yn gorwedd oddi tano.

– Ond Llinos, dechreuodd Paul, cyn i'w gymar ymyrryd.

– Dwi'n gwybod na ddylwn i fod wedi derbyn yr arian... ond mae hyn yn golygu y gallwn ni briodi... ac yn ôl traddodiad... teulu'r briodferch fydd yn talu... neu yn fwy cywir... y briodferch fydd yn talu, meddai a chamu tuag at Paul a'i gusanu'n frwd a'i lusgo i lawr ar y soffa.

Gwyddai Llinos na fyddai'r ddau byth yn priodi pe na bai hi'n cymryd yr awenau a thywys Paul at yr allor. Roedd Bond wedi ymddangos ar yr adeg berffaith. Yn bwysicach, roedd dyfodiad yr ysbïwr wedi codi'r cwmwl o euogrwydd ac ansicrwydd oedd wedi'i hamgylchynu dros yr wythnosau diwethaf. Chwarddodd yn afreolus gyda'r rhyddhad o wybod nad oedd ei theulu mewn perygl.

Hanner awr yn ddiweddarach, wrth i'r ddau orwedd ochr yn ochr yn y gwely, cofiodd Paul iddo esbonio tair rheol anhrefn ym maes thermodynameg i ffermwr wrth drwsio ei system gwresogi cawodydd mewn maes gwersylla yn Freshwater East.

Mae un rheol yn dweud na allwch chi ennill y gêm; mae un arall yn dweud mai'r unig ganlyniad posib fydd colli'r gêm; a'r rheol olaf yw na allwch chi ddianc rhag y gêm.

Ateb y ffermwr, Roy Pen-bryn, oedd bod hynny'n swnio'n debyg i briodas.

Gwyddai Paul fod 'na bedwaredd rheol, sef Rheol Zeroth. Roedd honno'n dweud bod yn rhaid ichi chwarae'r gêm. Sylweddolodd yn awr pwy oedd yn rheoli'r gêm hon. Llinos Burns.

6.

Roedd Bond yn llygad ei le. Ymddangosodd damcaniaeth ei ddiweddar Athro ynghylch defnyddio crisialau hylifol mewn sgriniau teledu a ffonau symudol yn y cylchgrawn *New Scientist* yr wythnos ganlynol. Yn ôl yr erthygl, roedd gwaith Mansel Edwards ym Mhrydain, Gene Diffring yn yr Unol Daleithiau a Gerd Maier a'i gyd-weithiwr Ute Fischer yn Munich yn arloesol.

Roedd yr erthygl yn cynnwys teyrnged wresog gan Gerd Maier i'w ffrind, Mansel Edwards. Serch hynny, roedd Paul braidd yn siomedig nad oedd unrhyw sôn am ei gyfraniad ef yn yr erthygl.

– Gwaith ar y cyd rhwng Mansel a fi oedd y ddamcaniaeth, cwynodd.

– Mae'n well o lawer nad y'n nhw wedi sôn am dy waith.

Dwi'n siŵr bod Bond wedi neud hynny'n fwriadol i'n diogelu ni, meddai Llinos. – O leia ti'n gwybod nad yw llywodraethau Prydain, yr Unol Daleithiau a'r Almaen wedi ceisio atal y gwaith rhag cael ei gyhoeddi... sy'n golygu y gallwn ni ymddiried yn Bond, meddai gan longyfarch ei hun am fod ei phenderfyniad i aros yn Ballybunion, yn y pen draw, wedi bod yr un cywir.

★ ★ ★ ★

Dechreuodd yr atgofion am y digwyddiadau erchyll yn Sir Benfro bylu dros yr wythnosau canlynol wrth i Paul a Llinos ymdopi â'u bywyd newydd yn Ballybunion. Bu'r ddau'n brysur yn ystod yr haf yn gweithio ac yn trefnu'r briodas. Penderfynon nhw mai dim ond aelodau o'u teuluoedd agos fyddai'n cael gwahoddiad i'r achlysur, oedd i'w gynnal ar y trydydd dydd Sadwrn ym Medi.

– Mi fydd hi'n anodd iawn esbonio i'n rhieni pam dy fod ti wedi rhoi'r gorau i dy swydd... pam dwi wedi mynd o fod yn wyddonydd i rywun sy'n trin gwallt... a pham ein bod wedi penderfynu byw yn Iwerddon, meddai Paul wrth iddo ef a Llinos gerdded ar hyd traeth hir tywodlyd Ballybunion ym mis Gorffennaf.

– Hmmm... beth am ddweud dy fod ti wedi cael *nervous breakdown* am i dy waith fod yn ormod i ti, awgrymodd Llinos gan giledrych ar ymateb Paul wrth iddynt glosio at gaban hufen iâ.

– Ha, ha. Doniol iawn. Fyddai neb yn credu hynny. Na. Ddwedwn ni 'mod i wedi cael grant i ddatblygu syniad gwyddonol fydd yn newid y byd trin gwallt a 'mod i wedi dod i Iwerddon i weithio'n gyfrin ar y ddamcaniaeth yn *Cutey Curls*, atebodd Paul wrth i'r ddau aros yn y ciw y tu allan i'r caban.

– Credadwy iawn dwi'n siŵr. A pham ydw i wedi rhoi'r gorau i'm gyrfa fel athrawes astudiaethau busnes?

– Mae'n amlwg. Ti wedi penderfynu gweithio ar dy liwt dy hun i helpu busnesau mewn trafferth, gan ddechrau gyda busnes dy gefndryd.

Gyda hynny cyrhaeddodd y ddau flaen y ciw. Yno roedd y weinyddes, menyw ifanc mewn sbectol haul a'i gwallt du wedi'i dorri mewn steil bob. Syllodd Paul arni. Rhewodd. Edrychai'r ferch yn syndod o debyg i Carla'r ysbiwraig a geisiodd ei hudo yn Sir Benfro cyn ceisio'i ladd ym Mhwllderi. Cododd y fenyw ei llaw dde. Gwelodd Paul ddarn o fetel yn disgleirio'n llachar yn yr haul. Dryll!

– Carla! gwaeddodd.

Ymhen chwinciad roedd wedi codi dwy botel blastig o'r cownter o'i flaen.

– Rhed, Llinos. Rhed! gwaeddodd, gan wasgu'r poteli plastig a saethu saws mafon a saws siocled i wyneb a dros sbectol haul y weinyddes i geisio'i dallu. Tynnodd y Taser o boced ei got a cheisio neidio dros gownter y stondin. Yna teimlodd boen angerddol ac aeth popeth yn ddu.

* * * *

Dihunodd Paul eiliadau'n ddiweddarach. Gwelodd Carla yn edrych i lawr arno.

– Beth yw eich gêm chi, y *gobshite,* gwaeddodd y weinyddes mewn acen Wyddelig gref, gan chwifio sgŵp hufen iâ o'i blaen a chodi ei sbectol haul o'i llygaid i'w thalcen. Sylweddolodd Paul nad Carla oedd y ferch, ac nid dryll oedd y sgŵp hufen iâ chwaith. Clywodd lais Llinos y tu ôl iddo.

– Mae'n flin gen i. Dy'n ni ddim yn dod ag ef allan yn aml.

Dere, Paul. Mae'n amser mynd adre. Bachgen drwg. Dim hufen iâ i ti heddiw, meddai, gan dynnu'r Taser o'i law, ei godi ar ei draed a'i dywys o'r caban hufen iâ.

– Dwi ddim yn gwybod beth ddaeth drosta i, meddai Paul wrth i'r ddau gerdded yn ôl i'r fflat.

– Dwi'n gwybod yn iawn beth ddigwyddodd. Ti'n dal i ofni y bydd Carla a'r gweddill yn ceisio'n herlid, on'd wyt ti?

– Mae'n amlwg nad wyt ti'n siŵr chwaith.

Amneidiodd Llinos gan dynnu'r ddau Taser o boced ei chot. Ni ddywedodd yr un o'r ddau air arall nes iddyn nhw gyrraedd y fflat. Tynnodd y ddau Taser yn ddarnau a'u gosod yn y bin sbwriel yn y gegin.

– O leia mi fydd pobl Ballybunion yn fwy diogel o hyn ymlaen, meddai, a gafael yn llaw Paul. – Dwi'n credu dy fod ti wedi bod yn gweithio'n rhy galed yn y salon heb sôn am yr holl waith cartref rwyt ti'n gwneud bob nos ar liniadur Liam. Ti angen rhoi mwy o sylw i mi, ychwanegodd, cyn tywys Paul i fyny'r grisiau i'r ystafell wely.

* * * *

Y diwrnod canlynol ysgrifennodd y ddau lythyrau at eu rhieni yn eu gwahodd i'r briodas. Ychwanegwyd na ddylen nhw sôn wrth neb am eu taith i Iwerddon am fod gwaith Paul yn y salon yn gwbl gyfrinachol.

Cludwyd y llythyron i Brydain gan Liam Burns ar ei daith nesaf i Ewrop yn codi ceir Volkswagen o'r Almaen. Teithiodd o Abergwaun i Fachynlleth i roi un llythyr yn nwylo rhieni Llinos cyn teithio i Bont-iets i roi'r llythyr arall i rieni Paul.

Treuliodd Paul a Llinos weddill yr haf yn canolbwyntio ar eu gwaith a threfnu'r briodas. Roedd Llinos wedi creu cynllun oedd yn galluogi Pat, Declan a Liam i rannu enillion y cwmni'n deg fel menter gydweithredol.

Roedd ymdrechion Paul yn *Cutey Curls* hefyd wedi dwyn ffrwyth am fod Moragh wedi dechrau'i hyfforddi i steilio gwallt merched yn ogystal â thorri a steilio gwallt dynion.

Teimlai Paul fod Llinos yn llai beirniadol ohono. Teimlai Llinos fod y gwaith yn y salon trin gwallt yn golygu bod Paul yn gallu rhoi llawer mwy o sylw iddi hi, er ei fod yn treulio cryn dipyn o amser yn astudio'r grefft o drin gwallt ar liniadur Liam fin nos.

Penderfynodd y ddau y bydden nhw'n treulio'u mis mêl yn Ballybunion. Roedd hynny'n rhannol am eu bod am ddilyn cyfarwyddiadau Bond. Ond y rheswm pennaf oedd bod gan Paul asesiad NVQ trin gwallt Lefel 1 yn fuan ar ôl y briodas.

Teimlai'r ddau ryddhad bod eu perthynas wedi blaguro yn ystod yr wythnosau diwethaf wrth iddynt gerdded law yn llaw ar hyd y traeth ger adfeilion castell Ballybunion ar ddechrau mis Medi. Dim ond Paul a Llinos oedd gerllaw'r castell, heblaw am ddyn byr oedd yn cerdded ei gi.

– Wyt ti'n meddwl ei fod e'n edrych ychydig bach fel Tom? gofynnodd Llinos, gan astudio'r dyn penfoel yn ei dridegau hwyr. Roedd ei gamau breision a'r ffordd y cerddai â'i ddwylo y tu ôl i'w gefn yn atgoffa Llinos o'r ysbïwr oedd wedi lladd Mansel Edwards ac wedi gwneud ei orau glas i'w lladd nhw ym Mhwllderi.

– Pwy yw Tom? gofynnodd Paul.

– Neb, meddai Llinos. Gwenodd a chymryd braich Paul. – Dweda mwy wrtha i am yr asesiad NVQ 'ma.

Ond cyn y briodas a'r asesiad, roedd gan Paul orchest anferth o'i flaen, sef noson garw yng nghwmni Pat, Declan a Liam Burns.

7.

Tridiau cyn noson garw Dr Paul Price, gadawodd yr Athro Gene Diffring ei gartref ar gyrion dinas Saratoga yng Ngogledd Califfornia am hanner awr wedi chwech y bore. Roedd ei feddwl ar broblem oedd wedi codi ar ei gynllun diweddaraf. Problem na allasai ef na'i gydweithwyr ei goresgyn ers wythnosau.

Camodd i mewn i'w gar Volvo, rhoi'r *Eagles* ar yr i-ffôn a dechrau ar ei daith i Brifysgol Stanford lle bu'n gweithio ers dros ugain mlynedd. Roedd wrthi'n pendroni am y broblem wyddonol wrth wrando ar *Hotel California* ac ni sylwodd, felly, ar yr SUV oedd yn ei ddilyn wrth iddo ymuno â'r briffordd.

Roedd yn teithio ar dros 120 cilometr yr awr yn gwrando ar *Take It Easy* pan sylweddolodd yn sydyn nad oedd brêcs ei gar yn gweithio. Rhewodd pan welodd ei fod yn closio at y Volvo yn y lôn allanol ac nad oedd modd iddo osgoi taro cefn y cerbyd hwnnw.

Ceisiodd wyro'r Volvo i osgoi'r cerbyd o'i flaen. Dim ond cyffwrdd ochr hwnnw a achosodd i'w gar yntau droi ar ei ochr a rholio drosodd sawl gwaith, cyn taro rhwystr ar ochr dde'r briffordd.

Arafodd yr SUV a fu'n dilyn Volvo Gene Diffring cyn dod i stop rai llathenni y tu ôl i'w gerbyd drylliedig. Camodd menyw ganol oed allan o'r car a cherdded yn bwyllog tuag at y Volvo gan ddisgwyl gweld corff celain.

Ond roedd Gene Diffring yn dal yn fyw.

– *Haaaaaleliwah!* Dwi'n iawn. Helpwch fi allan wnewch chi, gwaeddodd, a straffaglu i ryddhau ei hun o'i sedd – Beth yw eich enw, angel? gofynnodd.

– Mae pobl yn fy ngalw i'n Jean... Jean Runcie, meddai'r fenyw cyn gosod ei dwylo ar fochau Gene a throi ei ben yn sydyn.

– Dwi yn angel… ond un syrthiedig mae gen i ofn, sibrydodd Jean gan syllu ar yr wyneb marw o'i blaen.

Cododd Jean a cherdded yn ôl at yr SUV, wrth i bobl eraill oedd wedi parcio'u ceir gerllaw er mwyn ceisio helpu'r gyrrwr redeg tuag ati.

Siglodd Jean Runcie ei phen arnynt cyn camu i mewn i'r car ac ymuno â Bob. Gyrrodd Bob oddi yno cyn i'r gwasanaethau brys gyrraedd.

– Gwaith gwych, meddai Bob Runcie.

– Diolch… ond roedd e dal yn fyw.

– Dyna siom.

– Diolch byth 'mod i yno i'w ryddhau o'i boen, atebodd Jean.

– I'r dim. Dwi newydd dderbyn galwad ffôn. Targed diddorol. Targed cyfarwydd, meddai Bob, ac anelu am faes awyr San Francisco lle byddai'r ddau'n dal awyren y bore hwnnw.

Dyma'r tro cyntaf i Jean a Bob Runcie niwtraleiddio targed ers y gyflafan ym Mhwllderi. Nawr roedd ganddynt gyfle pellach i adfer eu henw da fel ysbiwyr.

8.

Clywodd Gerd Maier y newyddion drwg am farwolaeth ei ffrind a'i gyd-weithiwr, Gene Diffring, toc wedi pedwar o'r gloch y prynhawn pan oedd yn gweithio yn ei swyddfa. Gadawodd adran Ffiseg Prifysgol Munich yn syth gan benderfynu treulio awr fach i gofio am ei gyfaill yn nhawelwch parc yr Englischer Garten yng nghanol y ddinas.

Roedd Munich yn mwynhau haf bach Mihangel gogoneddus. Er ei bod hi'n hwyr y prynhawn roedd nifer o bobl yn dal i dorheulo'n noeth ger llyn parc Kleinhesseloher See.

Byddai Gerd Maier yn ymweld â'r parc hwn yn rheolaidd pan oedd am ddatrys problem wyddonol. Yn wir, roedd wedi treulio nifer o oriau yno'n ddiweddar am fod ei gynllun diweddaraf wedi dod i stop.

Gwyddai y byddai marwolaeth Gene Diffring yn ei gwneud hi'n anos goresgyn y broblem. Eiliad yn ddiweddarach ceryddodd Gerd ei hun am feddwl am yr effaith ar y gwaith yn hytrach na'r boen o golli ffrind, a hynny bum mis yn unig ar ôl marwolaeth ei ffrind arall, Mansel Edwards.

Er ei fod bellach yn drigain oed roedd Gerd Maier yn dal yn heini am ddyn o'i oedran. Cerddodd yn sionc heibio'r llyn gan fwriadu eistedd ger ei hoff le i synfyfyrio, y Tŵr Tsieineaidd. Roedd wedi llwyr ymgolli yn ei feddyliau pan darodd i mewn i fenyw ifanc oedd yn loncian ar hyd y llwybr. Ymddiheurodd Gerd a gwenodd hithau arno, gan dderbyn ei ymddiheuriad, cyn ailddechrau rhedeg.

Eiliad neu ddwy'n ddiweddarach teimlodd Gerd bigiad yn ei goes a dechreuodd deimlo'n benysgafn. Penderfynodd eistedd ar fainc gyfagos am ennyd gan wylio'r ferch yn diflannu i'r pellter.

Yna caeodd ei lygaid am y tro olaf.

Ni edrychodd Carla yn ôl wrth iddi barhau i redeg tuag at fflat y gwyddonydd arall roedd hi'n bwriadu'i dargedu'r diwrnod hwnnw.

9.

Rhoddodd Llinos rybudd chwyrn i Pat, Declan a Liam Burns cyn iddyn nhw adael y tŷ ar gyfer parti carw Paul ar y nos Iau cyn y briodas.

– Dim yfed gwin na chwarae gemau yfed twp, meddai, tra

roedd Paul i fyny'r grisiau yn paratoi ar gyfer ei noson olaf ond un o ryddid.

– Dyw hynny ddim yn deg, meddai Pat gan gosi ei farf yn feddylgar.

– A does neb i dynnu unrhyw ddillad bant.

– Dim hyd yn oed pans job? Mae'n draddodiadol, Llinos, erfyniodd Liam.

– Ond Llinos. Chwarae teg… mae'n noson garw, griddfanodd Declan.

– Na. A dim stripars.

– Dim stripars? Mae hyn yn hollol annheg Llinos, meddai Liam ag ochenaid.

– Dim stripars… deall? gorffennodd Llinos.

– Deall, atebodd Pat cyn troi at Declan.

– Well i ti ffonio Niamh a Colleen i ganslo. Siglodd ei ben mewn anghrediniaeth.

– Dwi am iddo fwynhau'i hun ond mae Mam, Dad, fy mrawd, rhieni Paul, ei chwaer a'i nai a'i nith yn cyrraedd bore fory. Yfwch chi faint fynnwch chi ond dyw Paul ddim i yfed mwy na chwe… na… phum peint… o gwrw. Hefyd, dwi am iddo fod adre erbyn hanner nos, meddai Llinos.

Camodd at gwpwrdd a thynnu pedair potel o win coch allan a'u rhoi ar fwrdd y gegin, lle'r oedd sawl platiad o greision, caws a bisgedi yno'n barod ar gyfer ei pharti plu yng nghwmni Moragh a Ciaomhe yn fflat Liam y noson honno.

– Dwi'n gweld nad wyt ti'n dilyn dy reolau dy hun, meddai Pat gan godi'i aeliau trwchus.

– Mae 'na ddwy botel o Sauvignon Blanc a dwy botel o Pinot Grigot yn y ffrij hefyd, atebodd Llinos. – Beth sydd angen ichi gofio yw hyn. Rwy'n gyfarwydd ag yfed. Ry'ch chi'n gyfarwydd ag yfed. Mae gwaed Gwyddelig yn llifo trwy'n gwythiennau ni.

Ond dyw Paul ddim yn yfwr. Mae'n Gymro pur. Dy'n nhw ddim yn gallu dal eu diod. Ac yn waeth mae e'n *intellectual*. Wna i ddim dweud wrthoch chi be ddigwyddodd ar ôl iddo yfed pedair potelaid o gwrw gyda Mansel Edwards ar ei benblwydd ym mis Ebrill.

Gwingodd Llinos yn fewnol wrth iddi gofio mai honno oedd y noson a fu bron â chwalu'i pherthynas hi a Paul am byth, wedi iddo ffoi i Sir Benfro ar ei ben ei hun. Sylweddolodd bryd hynny ei bod wedi ceisio ei reoli yn hytrach na bod yn gariad iddo, am mai ei nod hi mewn bywyd oedd dod â threfn a rheolaeth i fyd oedd yn llawn anhrefn a ffawd.

Roedd wedi llwyddo i ffrwyno'i thuedd i geisio roi trefn ar Paul dros yr haf ac roedd eu perthynas wedi blaguro unwaith eto, ond roedd hi'n anodd i Llinos roi'r gorau i'w hen arferion yn llwyr.

– Dwi wedi'ch rhybuddio chi. Deall? gorffennodd, wrth i'w chymar ddod i lawr y grisiau.

– Deall, atebodd y tri'n benisel.

Hanner awr yn ddiweddarach eisteddai cefndryd Llinos yn dawel yng nghwmni Paul yn sipio'u diodydd ger bar tafarn y Llew Du yng nghanol Ballybunion. Dim ond y nhw oedd yn y dafarn heblaw am y barmon, dyn tal, boliog, barfog a'i wallt hir wedi'i glymu'n gynffon tu ôl i'w ben.

– Beth sydd ar y gweill heno, 'te, bois? Sesiwn cachu pans a stripars, gobeithio, meddai Paul yn eiddgar mewn crys â bathodyn anferth gyda'r llythyren 'L' wedi'i lynu arno. Trodd Pat ato gan esbonio cyfarwyddiadau Llinos.

– Os na fyddwn ni'n gwrando arni, mi fyddwn ni i gyd yn cael *dead legs* a *Chinese Burns* ganddi, meddai Pat.

– Dyw e ddim 'werth e', ychwanegodd Declan.

– Cytuno'n llwyr, meddai'r cyn-baffiwr, Liam, yn crynu wrth

gofio *dead legs* arteithiol Llinos pan fyddai hi'n dod i Iwerddon ar ei gwyliau yn ystod ei phlentyndod. Byddai'n well ganddo baffio yn erbyn y *Dublin Dynamo* â'i law dde ddiffaith eto na dioddef *dead legs* Llinos.

Roedd Liam wedi ofni y byddai ei gyfnither yn ddig ar ddechrau'r wythnos pan ddywedodd wrthi na fyddai'n gallu mynychu'r briodas. Roedd cwmni Volkswagen, ar fyr rybudd, wedi gofyn iddo ef a'r tri gyrrwr arall i godi cyflenwad o hanner cant o geir Škoda a'u cludo i Iwerddon dros y penwythnos hwnnw.

Ond roedd Llinos wedi dweud ei bod yn deall yn iawn bod y cytundeb â chwmni Volkswagen yn hollbwysig i ddyfodol y cwmni.

– Falle mai hi sy'n iawn yn mynnu dy fod ti'n cael noson dawel, Paul, meddai Pat.

– Pam?

– Ges i fy herwgipio ar fy noson garw. Clymon nhw fi i un o'r pyst ar y cae pêl-droed... a chyn pen dim roedd Sheelagh McManus ar ei phengliniau o'm blaen.

– Pwy yw Sheelagh McManus? gofynnodd Paul.

– Menyw â moesau llac iawn... oedd wedi hen gyrraedd oed ymddeol, esboniodd Declan wrth i Pat gau ei lygaid ac ail-fyw'r digwyddiad.

– Dim dannedd, meddai Liam gan orffen ei beint mewn un llwnc.

– Wnaeth hi ddim... dechreuodd Paul yn betrus.

– Do... am dros hanner awr, meddai Pat cyn gorffen ei beint yntau mewn un llwnc a dweud,

– Roedd hynny bymtheg mlynedd yn ôl ac yn ôl beth rwy'n deall mae hi dal wrthi.

– Dyw hynny'n ddim byd. Tynnodd y barmon beint arall i Pat.

– Fues i ar barti carw i Ddulyn pan wnaethon nhw herwgipio'r priodfab... ond gan ddefnyddio dyn. Goeliwch chi fyth, mi redodd e bant gyda'r boi'r bore wedyn.

– Be ddwedodd y briodferch? gofynnodd Paul.

– Roedd Brian yn benwan, chwarddodd y barmon, cyn dechrau rhannu mwy o straeon anffodus o'r fath. Roedd y criw'n dal i rannu straeon bedair awr yn ddiweddarach. Roedd y cwrw'n llifo a'r dynion yn poeni llai a llai am gyfarwyddiadau Llinos wrth i'r oriau wibio heibio.

Erbyn hanner awr wedi deg roedd Paul wedi yfed y pum peint a osododd Llinos fel cwota am y noson. Ond ni ddywedodd Llinos air am ei atal rhag yfed chwisgi. Felly aeth Paul yn ei flaen i gael chwe Jamesons, dyblars ar hynny. Serch hynny roedd yn cadw llygad ar ei wats, gan wybod bod yn rhaid iddo fod adre erbyn hanner nos.

– Damo... mae'n hanner awr wedi un ar ddeg... well i ni fynd, meddai, yn siglo ar ei stôl ger y bar.

– Dyblar bach arall... dim ond deng munud gymerith e inni fynd yn ôl i'r fflat, meddai Liam.

– O'r gorau... mynnnd am biiiishad... atebodd Paul â'i dafod yn dew.

– Fe ddo i 'da ti, meddai Liam cyn i'r ddau gerdded yn igam-ogam i'r toiledau yng nghefn y dafarn.

– Noson dda yn y diwedd, meddai Paul wedi iddyn nhw gyrraedd y toiled.

– Arbennig. Ry'n ni i gyd yn hapus dros ben dy fod ti wedi gwella, meddai Liam gan wenu'n feddw.

– Gwella? Be ti'n feddwl? Trodd Paul o'r wrinal i olchi'i ddwylo yn y sinc.

– Y ffordd rwyt ti wedi dod dros dy *nervous breakdown*. Dwi'n gwybod bod Llinos wedi dweud wrthon ni i am beidio sôn am y peth, ond ry'ch chi'n priodi ymhen dau ddiwrnod felly mae'n amlwg dy fod ti wedi gwella.

– Sori... dwi ddim yn deall.

– Y nonsens 'na am bobl yn ceisio'ch lladd chi yn Sir Benfro. Fel ddwedodd Llinos... roeddet ti wedi diodde llawer... marwolaeth dy fentor... a'r holl waith meddwl 'na... dwi'n deall yn iawn... ro'n i bron â cholli arni ar ôl y ddamwain roddodd stop ar fy ngyrfa bocsio.

– Ddwedodd Llinos wrthoch chi i gyd 'mod i wedi cael *nervous breakdown* ac mai ffantasi llwyr oedd yr helynt yn Sir Benfro?

– Do... ond does dim ots... alla i weld dy fod ti'n iawn nawr, meddai Liam, gan daro Paul yn ysgafn ar ei ysgwydd â'i law dde cyn troi i adael y toiledau.

– Mae'n flin gen i na alla i ddod i'r briodas ond mi goda i wydraid o Pilsner i ti pan fydda i yn České Budějovice nos Sadwrn, meddai, cyn ychwanegu – Ještě jeden drink příteli.

– Beth yn y byd mae hynny'n ei feddwl?

– Un ddiod arall fy ffrind, yn iaith Tsiec.

– Do'n i'm yn gwybod dy fod ti'n siarad Tsiec?

– Mae'n syndod faint o ieithoedd rwyt ti'n eu codi wrth deithio ar draws y cyfandir am bron ugain mlynedd... soupçon o Ffrangeg, ein bisschen o Almaeneg, Tsiec, Swedeg, Rwsieg a thamed bach o Gymraeg a Gwyddeleg, heb sôn am Vulcan, meddai Liam a cherdded allan o'r toiledau.

– Mi fydda i 'na nawr, gwaeddodd Paul yn floesg, yn dal i ferwi am i Llinos ddweud celwydd wrtho, ac yn waeth byth, wrth ei theulu. Teimlai ei ben yn dechrau troi. Roedd yn rhaid iddo gael awyr iach. Camodd allan drwy ddrws cefn y dafarn i'r maes parcio a phwyso yn erbyn wal gefn yr adeilad. Eiliad yn ddiweddarach sylweddolodd fod rhywun yn sefyll wrth ei ochr. Dyn tal yn ei dridegau cynnar a edrychai ar Paul â llygaid pŵl di-emosiwn.

– Allwch chi ddod gyda ni, syr? meddai'r dyn.

Sythodd Paul am eiliad, cyn iddo wawrio arno bod Pat, Declan a Liam wedi trefnu rhywbeth cofiadwy ar ei gyfer wedi'r cyfan.

– Dwi ddim yn credu y byddai hynny'n syniad da. Dwi ddim am gwrdd â Sheelagh McManus heno... diolch yn fawr... dwi ddim am i neb neud hynna i mi... na... dim diolch... ddim am hanner awr... ddim am hanner eiliad... ddim am nano eiliad hyd yn oed. Mae'n rhaid imi fynd adre at Llinos... mae hi wedi bod yn ddrwg iawn... yn dweud celwydd wrtha i a'i theulu. Dwi'n mynd i'w sbancio hi... sbanc... sbanc... sbanc, meddai Paul yn feddw, gan chwifio'i fys yng ngwyneb y dyn, oedd yn dal rhywbeth yn ei law.

– O! Chwistrell... diddorol iawn... beth yw'r cemegyn? Beth yw'r cyfansoddiad? gofynnodd Paul, yn gwenu'n wirion ar y dyn cyn ei wylio'n gwasgu'r teclyn i'w goes.

– Ry'ch chi newydd chwistrellu fy nghoes. Dyn drwg. Rwy'n mynd i'ch sbancio chi... sbanc... sbanc... sbanc..., meddai Paul, yn dal i wenu'n hurt. Eiliad yn ddiweddarach aeth popeth yn ddu.

Ni sylwodd Pat, Declan a Liam fod Paul wedi diflannu tan ddeng munud yn ddiweddarach.

– Dyw e ddim yn y toiledau, meddai Liam, gan ddychwelyd at y bar.

– Mae'r cachgi wedi mynd adre at Llinos... gad e fynd... rownd pwy yw hi nesa, bois? gofynnodd Pat.

10.

Treuliodd Llinos noson a hanner yng nghwmni Moragh a Ciaomhe, wrth iddyn nhw drafod holl ddiffygion eu partneriaid i'r manylder eithaf, a chladdu dwy botelaid o win yr un.

Eisteddai Moragh a Ciaomhe ar soffa fechan yn wynebu Llinos, oedd yn lled-orwedd ar hen gadair esmwyth yn fflat Liam. Syllodd Llinos ar y ddwy fenyw gan feddwl eu bod o'r un anian â hi yn y bôn. Roeddent yn ferched cadarn oedd yn atal eu gwŷr afreolus rhag mynd ar gyfeiliorn yn rhy aml. Y gwahaniaeth mwyaf rhwng y ddwy chwaer-yng-nghyfraith oedd bod gwallt Moragh yn felyn a bod Ciaomhe yn berchen ar ffrwd o wallt coch.

Roedd y ddwy eisoes wedi cyflwyno dosbarth meistr ar sut i ddelio â dynion, cyn cyflwyno nifer o anrhegion bach i Llinos ar gyfer ei bywyd priodasol.

– *Something old... something new... something borrowed... something blue...*, canodd y ddwy'n feddw ar y soffa yn fflat Liam Burns.

Rhoddodd Moragh yr anrheg gyntaf i Llinos, bocs oedd yn cynnwys clipiwr bach.

– Rhywbeth hen. Fy modryb Clodagh roddodd e i mi pan briodes i. Mi fyddi di'n diolch i'r nefoedd 'mod i wedi rhoi'r teclyn bach 'na i ti ymhen blwyddyn neu ddwy, meddai Moragh.

– Beth yw e? gofynnodd Llinos.

– Clipiwr i gael gwared â mwstash. Mi fydd y diwrnod hwnnw'n dod yn gyflymach nag wyt ti'n meddwl, atebodd Moragh yn ddireidus.

– Tua chwe mis ar ôl i ti roi genedigaeth i dy blentyn cynta yn fy mhrofiad i, meddai Ciaomhe gan roi anrheg arall yn nwylo Llinos.

Tynnodd Llinos y papur lapio a gweld chwyddwydr bach. Cododd y teclyn mewn dryswch cyn i Ciaomhe esbonio.

– Os yw Paul yn debyg i Pat bydd angen y chwyddwydr 'na arnat ti… yn enwedig ar noson dy briodas, chwarddodd Ciaomhe wrth i Moragh wthio'r anrheg nesaf i ddwylo Llinos.

Agorodd Llinos y pecyn.

Potel fechan yn llawn hylif.

– Rhywbeth i'w fenthyg… o *Cutey Curls,* meddai Moragh.

– Beth yw e? Lliw gwallt?

– Yn hollol. Rwyt ti'n *brunette,* Llinos. Mi ddaw'r diwrnod pan fydd Paul yn dechrau colli diddordeb. Y cyfan fydd angen iti neud fydd lliwio dy wallt yn *blonde* ac mi fyddi di'n siŵr o gadw'i sylw… wel… mi weithiodd i mi cyn priodi Declan… daeth e 'nôl ata i ar ôl canlyn Brenda O'Driscoll am bythefnos, chwarddodd Moragh cyn ychwanegu.

– Cofia… mae'n stwff cryf felly mae'n bwysig dy fod ti'n ei gadw allan o olau'r haul.

– Dwi'n gwybod. Mae Paul wedi fy nif lasu'n llwyr yn parablu am beryglon perocsid, chwarddodd Llinos.

Daeth Ciaomhe â'r ddefod i ben drwy gyflwyno pecyn o gondoms glas i Llinos.

– Mae'r rhain yn hollbwysig. Dwyt ti ddim am gael dy hun yn yr un sefyllfa â ni'n dwy'n rhy gynnar… yn edrych ar ôl plant bach… yn ogystal ag un plentyn mawr, meddai Ciaomhe gan groesi'i hun wrth drosglwyddo'r anrheg olaf.

– Mae'r anrhegion yn wych… ac maen nhw i gyd yn ffitio mewn i gwpan 38DD 'fyd, chwarddodd Llinos a gwthio'r clipiwr a'r condoms i mewn i ochr chwith ei bra, a'r ddwy anrheg arall i'r ochr dde, cyn siglo'i bronnau'n bryfoclyd yn wynebau Moragh a Ciaomhe.

– Well i ni gael potel arall i ddathlu, ychwanegodd a chodi ac ymlwybro'n sigledig i nôl y Malbec o'r gegin.

11.

Eisteddai dyn a menyw mewn car heddlu y tu allan i gwmni *Burns Motors & Haulage* â'u llygaid wedi'u hoelio ar fflat Liam Burns. Buont yno am awr neu ddwy cyn iddyn nhw weld Pat, Declan, Liam a Paul yn gadael y tŷ, a Moragh a Ciaomhe yn cyrraedd ar gyfer y parti plu deng munud yn ddiweddarach.

Roedd y ddau wedi cael cyfarwyddyd i godi Llinos Burns cyn gynted ag y byddai Paul wedi cael ei herwgipio.

– Mae'r iwnifform heddlu 'ma'n rhy dynn, Miles. Ddwedais i wrthyn nhw fwy nag unwaith 'mod i'n maint 16, meddai'r fenyw.

– Mae fy un i'n iawn, Diana… ond mae'r cap heddlu braidd yn fach… ond mi fydd hi mor feddw, fydd hi ddim yn sylwi ar y manion, meddai Miles, oedd wedi gwrando ar dafodau tew Ciaomhe, Moragh a Llinos ar ei glustffonau. Canodd ei ffôn symudol.

– Mae'r gwrthrych yn ddiogel… mae'r gwrthrych yn ddiogel, meddai'r neges.

– Dere mlân, Diana… *showtime*… maen nhw wedi cipio Dr Price, meddai Miles, wrth i'r ddau ysbïwr MI5 gamu allan o gar yr heddlu.

12.

Roedd Llinos, Moragh a Ciaomhe wedi treulio'r hanner awr ddiwethaf yn dyfalu p'un ai Pat, Declan, Liam neu Paul fyddai'r cyntaf i ddychwelyd adre. Roedden nhw wedi dechrau ar eu seithfed potelaid o win pan glywon nhw gloch y drws yn canu.

Edrychodd Llinos ar ei watsh.

– Ugain munud i hanner nos. Paul fydd 'na... wedi anghofio'i allweddi mwy na thebyg, meddai'n floesg.

– ... neu'n rhy feddw i agor y drws, roedd Moragh yr un mor floesg.

– Bydd e'n cysgu yn y garej heno os yw e wedi yfed gormod, oedd ateb Llinos. Ymlwybrodd yn simsan at y drws a'i agor i weld dau aelod o'r Garda'n sefyll yno.

Dechreuodd sobri gan wybod yn syth bod rhywbeth o'i le.

– Miss Llinos Burns? gofynnodd un o'r plismyn mewn acen Wyddelig. Roedd ei het big wedi'i dynnu'n dynn dros ei wyneb.

– Ie, atebodd Llinos yn wan.

– Mae Paul Price wedi bod yn rhan o ddigwyddiad y tu allan i un o dafarndai'r dref. Mae'n well i chi ddod gyda ni.

– Beth sydd wedi digwydd? Ydy e'n iawn? gofynnodd Llinos.

Clywai Moragh a Ciaomhe yn y cefndir yn gofyn beth oedd o'i le.

– Peidiwch â phoeni. Mae e'n iawn, heblaw ei fod wedi'i arestio am fod yn feddw ac afreolus ac yn gofyn amdanoch chi. Mi esboniwn ni bopeth cyn gynted ag y cyrhaeddwn ni'r orsaf, meddai'r plismon.

Trodd Llinos a gweiddi ar Moragh a Ciaomhe. – Mae eich blydi gwŷr wedi meddwi Paul... mae'n rhaid i mi fynd. Caeodd y drws yn glep ar ei hôl a dilyn y ddau heddwas yn igam-ogam at gar yr heddlu.

Erbyn i Moragh a Ciaomhe lwyddo i godi'n feddw o'r soffa a chyrraedd y stepen drws roedd y car wedi hen ddiflannu.

II

Rheol 1:
Allwch chi ddim ennill y gêm

1.

Agorodd Paul ei lygaid a sylweddoli ei fod yn gorwedd ar wely caled mewn ystafell heb ffenest. Ble oedd e? Cell? Dechreuodd gofio rhai o ddigwyddiadau'r parti carw, gan gynnwys yr hyn a ddywedodd Liam wrtho am Llinos yn honni mai rhaffu celwyddau oedd Paul am eu hanturiaethau yn Sir Benfro. Yna cofiodd am y dyn â'r chwistrellwr. Eiliadau'n ddiweddarach agorodd rhywun y drws.

– Mae ar ddi-hun o'r diwedd, meddai'r dyn ifanc a safai yno.

– Blydi hel… beth yfodd e neithiwr… yr afon Liffey? gofynnodd gŵr arall oedd yn sefyll wrth ei ymyl.

Agorodd Paul un llygad a gweld bod y ddau ddyn yn gwisgo siwtiau du a thei. Sylwodd mai toriad rhif un oedd steil gwallt y ddau, steil oedd yn nodweddiadol o blismon neu aelod o'r lluoedd arfog.

Teimlai'n benysgafn a llesg wrth iddo gael ei dywys ar hyd coridor at ystafell arall. Agorodd un o'r dynion y drws ac amneidio'i ben i ddynodi y dylai Paul gamu trwyddo. Caewyd y drws yn glep ar ei ôl.

Roedd cloc a nifer o luniau yn hongian ar y wal gefn, gan gynnwys un o'r Frenhines Elizabeth a sawl cyn Brif Weinidog Prydain ac Iwerddon. O'u blaenau, y tu ôl i fwrdd yng nghanol yr ystafell, eisteddai rhywun cyfarwydd.

– Rwy'i wedi bod yn eich disgwyl chi, Dr Price, meddai James Bond yn estyn ei fraich i ddynodi y dylai Paul eistedd gyferbyn ag ef.

Meddyliodd Paul fod yr ysbïwr yn edrych dipyn yn hŷn na'r tro diwethaf wnaethon nhw gwrdd yn y siop trin gwallt yn Ballybunion bedwar mis ynghynt. Sylwodd hefyd fod Bond yn dal i ddioddef o *split ends* a bod cylchoedd du o gwmpas ei lygaid nad oedd yno gynt.

Eisteddodd Paul. Cododd Bond yr ysbïwr *cafetière* o'r bwrdd.

– Coffi? Yn fy mhrofiad i does dim byd gwell i gael gwared â phen mawr na phaned o goffi du, meddai gan arllwys y ddiod i gwpan.

– Dim diolch. Teimlodd Paul ei stumog yn dechrau troi.

– Twt twt... mi wneith y byd o les i chi, meddai Bond. Gwthiodd y cwpan ar draws y bwrdd ac arllwys cwpanaid iddo'i hun.

– Ble ydw i? Pam ydw i yma?

– Ry'ch chi yn Llysgenhadaeth Ei Mawrhydi yn Nulyn, nepell o'r harbwr. Mae'r olygfa'n hyfryd, ategodd Bond. Estynnodd ei fraich tuag at ffenestr yr ystafell gan wahodd Paul i fwynhau'r olygfa o lawr uchaf yr adeilad.

Arhosodd Paul yn ei unfan a disgwyl i'r ysbïwr ymhelaethu.

– Mae'r berthynas rhwng Llywodraeth Iwerddon a Llywodraeth Ei Mawrhydi wedi closio'n arw yn ystod y blynyddoedd diwethaf, sy'n esbonio sut lwyddon ni i'ch tywys chi o Ballybunion i Ddulyn neithiwr. Tipyn o wahaniaeth ers 1916... a'r cyfnod pan roeddwn i'n torri fy nghwys yn y busnes hwn ar gyfer ei Mawrhydi yn 1988, meddai Bond.

– Eich Mawrhydi chi, nid fy un i, atebodd Paul.

– Wrth gwrs, ro'n i'n anghofio eich bod chi'n aelod o Blaid Cymru. Peidiwch â phoeni, Dr Price. Dy'ch chi ddim wedi gwneud dim byd o'i le. Hobnob? Neu Garibaldi? Gwthiodd Bond blât o fisgedi tuag at Paul.

Gwrthododd Paul y cynnig ond cododd y cwpan oedd o'i flaen a chymryd dracht o'r coffi cyn ei osod yn ofalus ar y bwrdd.

– Mae'r sefyllfa ry'ch chi'n rhan annatod ohoni wedi cymhlethu dros y dyddiau diwethaf.

– Ym mha ffordd? Beth sy'n digwydd? Pam ydych chi wedi fy herwgipio dau ddiwrnod cyn imi briodi a phum diwrnod cyn asesiad pwysig iawn? Yfodd Paul weddill ei goffi yn un llwnc. Tywalltodd gwpanaid arall iddo'i hun wrth i'r cloc ar wal yr ystafell daro deg o'r gloch.

Cofiodd Paul fod ei deulu ef a theulu Llinos yn hedfan i Iwerddon y bore hwnnw ac y bydden nhw wedi cyrraedd Ballybunion erbyn hyn.

– Llinos! Mi fydd hi'n benwan, ebychodd a dechrau codi ar ei draed.

Cododd Bond ei law chwith yn araf a dynodi y dylai Paul ddychwelyd i'w sedd.

– Mae Miss Burns yn gwybod beth sydd wedi digwydd ichi… ond yn gyntaf… y gwir… yr holl wir a dim ond y gwir amdani… gan ddechrau yn Aberystwyth bum mis yn ôl, meddai Bond. Llyfodd ei fys ac agor un o nifer o ffeiliau oedd o'i flaen ar y bwrdd.

Esboniodd fod yr uned MI5 a arweiniwyd gan y dyn roedd Paul yn ei adnabod fel Tom wedi derbyn cyfarwyddyd ganddo ef, fel pennaeth yr adran, i warchod Paul a'r Athro Mansel Edwards am fod y gwasanaeth cudd yn gwybod am waith arloesol y ddau wyddonydd ym mhrifysgol Aberystwyth. Ond, yn ddiarwybod i MI5, roedd Tom a'r ysbiwyr eraill oedd dan ei arweiniad yn asiantau dwbl, oedd yn derbyn punt y gynffon ac yn gweithio i'r cwmni amlwladol oedd am ffrwyno darganfyddiad Mansel a Paul, a lladd y ddau wyddonydd.

– Doedden ni ddim yn gwybod mai Tom laddodd Mansel Edwards nes i chi oresgyn y rhai oedd yn ceisio'ch lladd chi ym Mhwllderi, Dr Price.

– A beth sydd wedi digwydd i'r ysbiwyr?

– Yn anffodus, llwyddodd pedwar ohonynt i ddianc mewn cwch oddi ar arfordir Sir Benfro… ond mi sonia i amdanyn nhw maes o law. Erbyn hyn ry'n ni'n sicr bod Llywodraeth Rwsia'n ddylanwad cryf ar y cwmni amlwladol roedd Tom a'r gweddill yn gweithio iddo.

– Rwsia?

Amneidiodd Bond ei ben.

– Ydych chi'n gwybod sawl biliwnydd o Rwsia sy'n rhedeg cwmnïau amlwladol erbyn hyn, Dr Price? Ac mae nifer ohonyn nhw'n ddyledus i'r Cymrawd Putin am eu llwyddiant… er bod nifer ohonyn nhw'n byw yn Llundain, meddai, cyn pwyso'n ôl yn ei sedd. – Yn ddiamau, mi fydd Rwsia, dan arweinyddiaeth Vladimir Putin, yn dymuno ymestyn ei dylanwad, heb sôn am ymestyn ei ffiniau, dros y ddegawd nesaf. Mae'n bosib bod Rhyfel Oer newydd ar fin dechrau rhwng Rwsia a'r gorllewin, ac mae'r Ifaniaid ym mynyddoedd yr Wral am ofalu mai y nhw fydd ar flaen y gad o ran y dechnoleg fydd ei hangen i ennill y frwydr honno.

Bu tawelwch yn yr ystafell am ennyd wrth i Paul gau ei lygaid a cheisio dadansoddi'r wybodaeth.

– Ond pam dod â fi i fama?

– Am eich bod chi, Dr Price, ymysg y rheiny sydd ar flaen y gad yn ymladd un o frwydrau cyntaf y Rhyfel Oer newydd, datganodd Bond. Cododd yr ysbïwr a cherdded at ffenestr y swyddfa.

– Dwi ddim yn deall, meddai Paul.

Trodd Bond i'w wynebu.

– Ry'ch chi'n tybio bod eich darganfyddiad chi a Mansel Edwards yn ymwneud â'r diwydiant teledu'n unig. Ond ar ôl ichi lwyddo i anfon y ddamcaniaeth i Gene Diffring yn yr

Unol Daleithiau, a Gerd Maier ac Ute Fischer yn Munich, dechreuodd y tri gwyddonydd ddefnyddio'ch gwaith i weithio ar gynllun sy'n ymwneud â sgriniau bychain o ansawdd uchel, a fydd yn bwysicach o lawer na'u defnydd ar gyfer y teledu, cyfrifiaduron neu ffonau symudol i gadw'r *plebs* yn hapus ac yn ufudd.

Pwysodd Paul ymlaen yn ei gadair i wrando ar Bond.

– Y nod oedd creu drôn llai na maint llaw ar gyfer y diwydiant ysbïo, fel bod y gorllewin yn rheoli'r dechnoleg cyn ein gelynion... Tsieina... IS... neu pa bynnag elyn arall all godi dros y blynyddoedd nesaf...

– ... gan gynnwys Rwsia, cynigiodd Paul.

– Cywir... gan gynnwys Rwsia.

Ychwanegodd Bond fod Diffring, Maier a Fischer wedi ceisio creu dyfais y gellid ei rheoli o bell.

– Byddai dyfais o'r fath yn gallu... beth yw'r gair... anablu... gelynion llywodraethau'r gorllewin yn llawer mwy effeithiol na'r dronau amherffaith sydd eisoes yn cael eu defnyddio mewn llefydd fel Afghanistan ac sy'n achosi difrod anfwriadol sylweddol, yn ogystal â niwed cyfatebol sylweddol i'n meistri gwleidyddol, Dr Price.

Gorffennodd Bond trwy ddweud i'r tri gwyddonydd fod wrthi'n gweithio i lywodraethau pennaf NATO ar gynllun ar y cyd i sicrhau bod y gorllewin ar flaen y gad o ran y dechnoleg bwysig hon.

– Mi ddwedoch chi eu bod *wedi* dod yn agos at greu teclyn gweithredol.

Pesychodd Bond cyn pwyso 'mlaen yn ei gadair.

– Mae 'na ddwy broblem wedi codi, Dr Price. Nid yw ansawdd y llun o'r drôn o faint priodol yn ddigon da. Mae angen help arnon ni i geisio gwella'r ansawdd... help gan rywun sydd eisoes wedi llwyddo yn y maes..., oedodd Bond am eiliad i wylio ymateb Paul.

– Rhywun fel fi?

– Na, Dr Price. Nid rhywun fel chi, ond chi! Fel y gwyddoch, does dim un gwyddonydd yn gwybod beth fydd y goblygiadau a'r defnydd a wneir o'i ddarganfyddiadau. Falle na fyddwch chi'n hapus i glywed hyn... ond... mae eich gwaith arloesol gyda'r Athro Mansel Edwards yn rhan annatod o'r prosiect drôn.

– Na. Alla i mo'ch helpu. Mi fyddai hynny'n mynd yn groes i fy egwyddorion. Ta beth, rwy'n siŵr y gall Diffring, Maier a Fischer ddod i ben hebdda i, meddai Paul yn gelwyddog. – Mi dreuliais i dri mis yn cydweithio â Gerd Maier ac Ute Fischer yn Munich ddwy flynedd yn ôl. Rwy'n ffyddiog y gallan nhw gyflawni'r gwaith, ychwanegodd. Cododd a dechrau cerdded at y drws.

– Ond mae gennoch chi, a minne, ail broblem, Dr Price. Bu farw Diffring mewn damwain car yn Santa Monica echdoe, a bu farw Gerd Maier o drawiad y galon yn ddiweddarach yr un diwrnod. Hefyd, mae Ute Fischer wedi diflannu... gyda'r unig brototeip rhannol weithredol o'r drôn. Cyd-ddigwyddiad?

Bu tawelwch wrth i Paul hel atgofion am Gerd Maier, a fu mor gwrtais a hael tuag ato pan oeddent yn cydweithio yn Munich ddwy flynedd ynghynt.

– Pwy sy'n gyfrifol, Bond?

– Eich hen elynion, Dr Price. Y pedwar ysbïwr a lwyddodd i ddianc yn Sir Benfro. Tom, Carla, Bob a Jean Runcie.

Bu tawelwch eto.

– Ydych chi'n meddwl bod Ute Fischer wedi marw hefyd?

– Ar hyn o bryd ry'n ni'n credu bod traed Fischer yn rhydd, ond dwi'n ofni bod y gwyddonydd yn yr un cwch ag yr oeddech chi ynddo yn Sir Benfro. A dyna pam y penderfynon ni eich gwarchod chi drwy eich herwgipio chi neithiwr. O blith y rhai a allai gyflawni'r gwaith, dim ond chi a Dr Fischer sydd ar ôl.

– Diolch byth bod Ute yn dal yn fyw... ymennydd rhagorol.

– Ry'n ni wedi ceisio dod o hyd i Dr Fischer heb unrhyw lwc. Ond mi anfonodd e-bost at rywun y bore 'ma.

– Pwy?

– Rwy'n falch o ddeall eich bod wedi dilyn fy nghyfarwyddyd i beidio â defnyddio'ch cyfrif e-bost, Dr Price. Anfonwyd y neges e-bost atoch chi, meddai Bond gan dynnu copi papur o'r neges allan o'i ffeil a'i roi i Paul.

Darllenodd yr e-bost mewn tawelwch.

– Rwyf mewn trafferth, Paul. Wyt ti'n mynd i angladd Gerd? Mi gysyllta i bryd hynny? X. Ute.

– Anfonwyd y neges o gaffi yng nghanol y ddinas, esboniodd Bond. – Dwi ar ddeall eich bod chi ac Ute Fischer yn ffrindiau da. Ry'n ni'n meddwl bod eich cyfaill yn dal yn Munich a chi yw'r unig berson mae'n ymddiried ynddo.

– Pam?

– Am mai hwn yw'r unig neges electronig mae Dr Fischer wedi anfon ers marwolaeth Dr Maier.

– Felly ry'ch chi am imi fynd i Munich i chwilio am Ute... gyda'r nod o'ch helpu chi i gwblhau'r cynllun.

– Cywir. Wrth gwrs mae Tom a Carla, a Bob a Jean Runcie â'u traed yn rhydd o hyd hefyd. Ac ry'n ni'n credu mai nhw laddodd y gwyddonwyr yn yr Unol Daleithiau a Munich, meddai Bond gan lyncu gweddill ei goffi.

– Yn ogystal â Mansel.

– Wrth gwrs... yn ogystal â'ch mentor, yr Athro Mansel Edwards, ac erbyn hyn maen nhw'n amau eich bod chi hefyd wedi gweithio ar y cynllun drôn. Yn waeth, doedd yr e-bost anfonodd Dr Fischer ddim wedi'i amgryptio. Fe fydd y bradwyr yn siŵr o wybod cynnwys y neges. Felly maen nhw'n debygol o geisio'ch herwgipio unwaith eto.

Er ei fod yn anhapus ynghylch chwarae rhan yn y gwaith o greu teclyn fyddai'n cael ei ddefnyddio i ladd pobl, roedd Paul am helpu i achub bywyd ei ffrind.

Meddyliodd yn ddwys am oblygiadau ei benderfyniad. Eisteddodd yn ei sedd â'i lygaid ar gau am ddwy funud yn pendroni ac yn ymgodymu â'i gydwybod cyn i Bond dorri ar y tawelwch.

– Gyda llaw mae gen i newyddion gwael a newyddion da. Ry'n ni'n gwybod bod Bob a Jean Runcie wedi cyrraedd Iwerddon ddoe.

– Ble yn Iwerddon?

– Dy'n ni ddim yn hollol siŵr ble maen nhw ar hyn o bryd.

– Does dim clem 'da chi ble maen nhw, oes e?

Anwybyddodd Bond gwestiwn Paul a symud yn anesmwyth yn ei sedd.

– A beth yw'r newyddion da?

– Dyna oedd y newyddion da. Y newyddion gwael yw eu bod nhw'n dal rhywun yn erbyn ei hewyllys.

– Pwy?

– Miss Llinos Burns, atebodd Bond yn osgoi edrych i lygaid Paul, codi bisged Hobnob a'i chnoi'n araf.

2.

Ni ddywedodd y plismon oedd yn gyrru'r car heddlu na'r blismones oedd yn eistedd yn y cefn air wrth i Llinos siarad yn ddi-baid yn ystod y siwrnai i orsaf heddlu Ballybunion y noson cynt.

– Rwy'n gwybod beth sydd wedi digwydd. Mae Pat, Declan a Liam wedi fy anwybyddu i'n llwyr, gan feddwi Paul yn dwll a'i arwain ar gyfeiliorn. Mi ladda i nhw. Druan â Paul. Ddyliwn i ddim fod wedi gadael iddo fynd allan gyda nhw, meddai Llinos yn ei meddwdod.

– Er mwyn popeth… cau dy ben, brathodd y blismones yn Saesneg.

Trodd Llinos i edrych arni.

– Peidiwch â siarad efo fi fel 'na, dechreuodd, cyn sylweddoli pwy oedd y blismones.

– Rwy'n eich nabod chi… ond nid blonden oeddech chi bryd hynny, ebychodd Llinos.

– Carla! gwaeddodd, pan gododd honno'i chap a dangos ei hwyneb.

Edrychodd Llinos yn gegagored ar y fenyw oedd wedi ceisio'i lladd hi a Paul ym Mhwllderi.

– Ble mae Paul? gofynnodd Llinos gan sobri mewn chwinciad.

Gwenodd Carla arni'n filain.

– Mae'r aeliau wedi tyfu'n ôl ers Pwllderi. Rwyt ti'n mynd i aros gydag Wncwl Bob ac Anti Jean. Maen nhw'n awyddus iawn i dy weld eto, meddai, cyn chwistrellu coes Llinos yn gyflym. Eiliad yn ddiweddarach roedd Llinos yn cysgu'n drwm.

– Pryd fyddwn ni'n trosglwyddo hon? gofynnodd Carla i Tom wrth i hwnnw yrru'r car heddlu tuag at y bwthyn lle'r oedd Jean a Bob Runcie yn aros amdanynt.

– Ugain munud arall. Wedyn bydd yn rhaid inni gael gwared â chyrff y ddau asiant MI5 o'r bŵt cyn aros am ymateb MI5 i'n gofynion, atebodd Tom.

– Diolch byth am hynny. Mae'r iwnifform yn rhy fawr o lawer i fi, chwarddodd Carla.

* * * *

Hanner awr yn gynharach roedd y ddau ysbïwr MI5, Miles a Diana, wedi camu allan o gar yr heddlu â'r bwriad o herwgipio Llinos Burns a'i thywys i Ddulyn.

Yn sydyn synhwyrodd y ddau fod rhywun y tu ôl iddyn nhw ac eiliadau'n ddiweddarach saethwyd y ddau'n farw gan Tom a Carla. Ymhen munudau roedd Tom a Carla wedi amnewid eu dillad cyn cerdded tuag at gartref dros dro Llinos.

3.

Roedd Bond yn dal i geisio osgoi llygaid Paul wrth i hwnnw ei geryddu.

– Sut yn y byd ddigwyddodd hyn? Roeddech chi'n gwybod bod Llinos mewn perygl, taranodd.

– Maen nhw'n ysbiwyr cyfrwys iawn. Fi hyfforddodd Tom a Bob a Jean Runcie. Rhaid ichi ddeall fod ein hadran ni dan yr un pwysau ariannol â phob un o adrannau eraill y llywodraeth y dyddie hyn. Does gen i ddim hanner digon o staff ar gyfer y cynllun hwn.

– Dwi ddim am glywed esgusodion. Beth yw eich cynlluniau i achub Llinos?

Ochneidiodd Bond a thynnu ffôn symudol o'i boced.

– Well ichi gael hwn yn ôl. Mi ddwedais i wrthoch chi fod Miss Burns yn gwybod ble'r oeddech chi. Ry'ch chi wedi derbyn neges ganddi, meddai a gwthio'r ffôn ar draws y bwrdd.

Cododd Paul y ffôn a gweld i'r neges olaf gael ei hanfon gan Llinos. Agorodd y neges ar ffurf clip fideo.

Gwasgodd fotwm a gweld Llinos yn eistedd mewn cadair yn pwyso yn erbyn wal gwyngalch.

– Gwranda'n astud arna i, Paul. Bydd popeth yn iawn os wnei di'r cyfan dwi'n dweud. Mae'n dyfodol ni yn dy ddwylo di. Dere ar dy ben dy hun i ganol Sgwâr O'Connell yn Nulyn am ddeg o'r gloch heno. Os fyddi di yno, mi wnân nhw fy rhyddhau i. Os na fyddi di yno ar ben dy hun erbyn yr amser hwnnw, mi fydd hi ar ben arna i. Dy ddewis di yw e. Dwi'n dy garu di, meddai Llinos cyn i'r clip ddod i ben.

Rhoddodd Paul y ffôn yn araf ar y bwrdd, yn teimlo fel cyfogi. Nid hon oedd y Llinos roedd e'n ei adnabod. Edrychai fel petai ei hewyllys wedi torri.

– Allwn ni ddim olrhain tarddiad y neges. Maen nhw wedi defnyddio'r *Onion Router*, meddai Bond yn dawel.

– Does dim dewis gen i. Mae'n rhaid imi gytuno i'w gofynion, atebodd Paul yn wyllt, gan godi ar ei draed i ddechrau ar ei daith i Stryd O'Connell y funud honno.

– Byddai hynny'n golygu eich bod chi'n cael eich lladd... ac mi fyddan nhw'n lladd Miss Burns hefyd.

– Ond mae'n rhaid ichi wneud rhywbeth, gwaeddodd Paul, yn pwyso ar y bwrdd.

Cododd Bond ei lygaid ac edrych i gannwyll ei lygaid.

– Y cwestiwn pwysig yw hwn... os lwyddwn ni i achub Miss Burns... a fyddwch chi'n fodlon ein helpu ni i achub bywyd Dr Fischer?

– Wrth gwrs, atebodd Paul yn wyllt.

– I'r eithaf? A cheisio gorffen y cynllun drôn?

– Wrth gwrs, meddai Paul heb feddwl wrth i Bond wthio ffurflen ac ysgrifbin yn araf ar draws y bwrdd tuag ato.

4.

Roedd Jean Runcie'n edrych allan drwy'r ffenestr a Bob Runcie'n eistedd ger bwrdd y gegin mewn bwthyn anghysbell rhwng Ballybunion a Thralee.

Cyrhaeddodd y pâr Iwerddon y bore cynt ar ôl hedfan i Ddulyn o San Francisco. Roedd y bwthyn ynghanol coedwig, gyda dim ond un ffordd droellog yn arwain ato. Hwn oedd yr unig adeilad o fewn dalgylch o dros filltir. Ar ôl iddyn nhw gyrraedd roedd Bob a Jean wedi gosod synwyryddion ar y ffordd a fyddai'n eu rhybuddio petai rhywun yn gyrru cerbyd neu'n cerdded tuag at y bwthyn. Roedd y tŷ unllawr yn berffaith ar gyfer gofynion yr herwgipwyr, gydag un ystafell fawr cynllun-agored, ac un ystafell wely. Yn honno roedd Llinos wedi'i chlymu i gadair gyda rhaff rawn yn dynn o gwmpas canol ei chorff â'i breichiau'n gorwedd yn llipa o'i blaen gyda rhaff arall amdanynt. Yn yr ystafell arall roedd Bob wrthi'n pori drwy'r sothach arferol a anfonwyd drwy'r post i'r tenantiaid diwethaf.

– Ble ti'n ffansïo mynd ar wylie ar ôl i hyn ddod i ben? gofynnodd, gan syllu ar lyfryn oedd yn hysbysebu gwyliau. Mae'r ddau ohonon ni dros ein hanner cant. Falle allen ni gymryd mantais o gynigion Saga. Beth am wyliau sgïo dŵr yn y Maldives? awgrymodd Bob, a oedd, fel Jean, wedi ennill £60,000 y flwyddyn gan Lywodraeth Prydain, cyn i Tom ddarbwyllo Jean y byddai cyflog o £500,000 y flwyddyn gan eu cyflogwyr newydd yn gynllun pensiwn gwerth chweil.

– Byddai'n well gen i fordaith ar hyd y Fjords yn Norwy, atebodd Jean.

Edrychodd Bob ar ei wats. Un ar ddeg o'r gloch.

– Pythefnos yn Umbria? awgrymodd ymhellach wrth i'r ddau aros am gyfarwyddyd gan Tom ynghylch ffawd Llinos.

– Mi fyddwn ni'n treulio pum mlynedd yn Siberia os na fydd y cynllun yma'n gweithio, atebodd Jean yn nerfus.

– Be sy'n bod arnat ti? Yn ôl gofynion y cynllun ry'n ni i fod i'w chadw hi 'ma nes i'r gweddill gael eu dwylo ar Price yn Nulyn. Cyn gynted ag y mae hynny'n digwydd, rydym i fod i'w lladd hi. Dyw hi ddim yn bwysig.

– Mae hi'n dawel iawn. Dim byd fel yr oedd hi yn Sir Benfro. Nawr, mae hi'n eistedd ac edrych yn syth o'i blaen heb dorri gair â mi. Well imi fynd i weld os yw hi am gael rhywbeth i'w fwyta, meddai Jean.

– Oes pwynt?

– Mae pawb yn haeddu swper olaf.

– Ond does dim golwg bod angen un arni, atebodd Bob.

Teimlai Llinos yn benisel am ei sefyllfa fregus wrth iddi eistedd ar y gadair yn yr ystafell wely. Gwyddai na fyddai'n debygol o weld Paul na'i theulu eto. Ni fyddai'n priodi Paul drannoeth ac ni fyddai'n cael cyfle i dreulio'i hoes yn ei gwmni a dechrau teulu. Gwenodd yn drist wrth feddwl am y noson cynt a'r anrhegion gwirion a gafodd gan Moragh a Ciaomhe.

Nid oedd Tom a Carla wedi archwilio Llinos cyn ei throsglwyddo i ddwylo Bob a Jean. Roedd hynny am ei bod wedi dod gyda nhw i gar yr heddlu o'i gwirfodd heb amau bod unrhyw beth o'i le.

Serch hynny, roedd Bob wedi cynnal archwiliad ar ôl iddi gyrraedd y bwthyn. Er iddo archwilio corff Llinos o'i chorun i'w sawdl, ni feiddiai swmpo'i bronnau, am fod Jean yn ei wylio. Roedd wedi dysgu'i wers ar ôl cael cweir am wneud hynny i ferch yn Seoul flwyddyn ynghynt.

Wrth i Jean Runcie gyflawni ei gorchest heb ddangos unrhyw bleser yn allanol, diolchodd Llinos i'r nef fod ganddi fronnau maint 38DD oedd angen bra sylweddol a delfrydol ar gyfer cuddio anrhegion y parti plu.

Cofiodd hefyd ddarlith ddiflas Paul am beryglon

hydoddiannau perocsid tra roedd hi'n ceisio chwarae ar yr Xbox yn fflat Liam. Dywedodd Paul fod gwres yr haul yn achosi i'r perocsid ryddhau ocsigen.

Edrychodd allan drwy ffenestr yr ystafell wely, gan ddiolch ei bod hi'n ddiwrnod braf o Fedi a bod yr haul yn tywynnu'n gryf drwy'r ffenestr. Tybed a fyddai modd iddi greu tân petai pelydrau'r haul yn treiddio drwy'r chwyddwydr ac achosi i'r hylif perocsid yn y condom ffrwydro?

Roedd yn werth rhoi cynnig arni. Ond yn gyntaf roedd yn rhaid iddi geisio rhyddhau'i hun o'r rhaff oedd wedi'i chlymu'n dynn o gwmpas ei harddyrnau a'r llall oedd o amgylch y gadair ei hun. Cofiodd am y clipiwr blew oedd yn gorwedd yn esmwyth ar ei bron chwith. A fyddai'r teclyn hwnnw'n ddigon miniog i allu torri'r rhaff, tybed?

Penderfynodd greu cyn lleied o ffwdan â phosib, a gobeithio y byddai hynny'n arwain Bob a Jean Runcie i roi llonydd iddi am gyfnodau hir ar y tro.

Yn groes i'w natur felly, penderfynodd ufuddhau i orchymyn Jean Runcie i draddodi'r neges druenus a anfonwyd at Paul. Cyn gynted ag y gadawodd yr ysbiwyr yr ystafell wely, gwasgodd Llinos ei bronnau sylweddol at ei gilydd cyn pwyso'i phen ymlaen a dechrau rhoi ei chynllun ar waith.

Treuliodd y ddwy awr nesaf yn dal y clipiwr blew rhwng ei dannedd gan bigo'n ddi-baid ar y rhaff oedd yn clymu'i garddyrnau, ac yn gwrando'n astud rhag ofn i Bob neu Jean Runcie ddod yn ôl. Bu'n rhaid iddi roi'r gorau iddi unwaith pan glywodd Jean yn closio at y drws. Ymhen eiliad roedd wedi gwasgu'i bronnau at ei gilydd â'i breichiau a rhoi'r clipiwr rhyngddynt, cyn rhoi ei phen i lawr ac esgus cysgu. Wedi i Jean adael yr ystafell cododd Llinos y clipiwr o'i brest â'i dannedd ac ailgydio yn ei gorchwyl.

Ar ôl awr a hanner o ymdrech galed roedd wedi llwyddo i dorri drwy'r rhaff, er iddi ddechrau gwaedu wrth i'r clipiwr suddo mewn i'w chroen dro ar ôl tro tua diwedd y dasg.

Llwyddodd i ryddhau ei hun o'r rhaff oedd wedi'i chlymu o amgylch ei chorff cyn cropian yn dawel i osod y ddyfais ffrwydrol gyntefig a gynhwysai'r botel perocsid, y condom a'r chwyddwydr y tu ôl i'r piser ar fwrdd ger drws yr ystafell. Gobeithiai â'i holl galon y byddai'r haul yn tywynnu drwy'r chwyddwydr, yn twymo'r perocsid ac yn achosi i'r condom lenwi ag ocsigen.

Ymhen hanner awr sylwodd Llinos fod ei chynllun yn gweithio a bod y condom wedi chwyddo'n enfawr. Symudodd y chwyddwydr fel ei fod yn anelu pelydrau'r haul at y condom, a'i wylio'n dechrau llosgi.

Amcangyfrifai y byddai'r pelydrau'n llosgi drwy'r condom ymhen munud neu ddwy. Gwyddai y byddai'n rhaid iddi symud yn gyflym ar ôl y ffrwydrad, gan ddefnyddio'r clipiwr blew i amddiffyn ei hun rhag Bob a Jean Runcie. Ond ni wyddai beth fyddai maint y taniad.

Penderfynodd mai'r lle mwyaf diogel i guddio oedd o dan y gwely. Roedd ar fin gweiddi i ddenu Jean a Bob i'r ystafell pan glywodd sŵn modur yn agosáu at y bwthyn. Edrychodd drwy'r ffenestr a gweld fan bost yn ymlwybro'n araf i fyny'r ffordd garegog.

Rhuthrodd ar draws yr ystafell. Tynnodd y chwyddwydr i'r naill ochr i atal y ffrwydrad, cyn ailglymu'r rhaff o'i chwmpas yn frysiog, rhoi'r rhaff oedd am ei garddyrnau yn ôl yn ei lle, a gwthio'i dwylo rhwng ei choesau i guddio'r ffaith ei bod wedi torri'r rhaff, cyn i Jean Runcie ddychwelyd.

Ni ddywedodd honno'r un gair, dim ond rhoi tâp gludiog dros geg Llinos, rhag ofn iddi geisio gweiddi. Ond unwaith i Jean adael yr ystafell, rhyddhaodd Llinos ei hun o'r rhaffau unwaith eto a thynnu'r tâp o'i cheg.

Roedd hi ar fin gweiddi nerth ei phen i ddenu sylw'r postmon pan benderfynodd hi oedi. Petai hi'n gweiddi byddai hwnnw yn siŵr o gael ei ladd cyn iddo gael cyfle i wneud dim.

Gwyddai mai ei hunig obaith o ddianc oedd achosi ffrwydrad. Gwrandawodd yn astud ar Bob a Jean yn siarad â'r postmon. Symudodd yn dawel a chyflym i ailosod y chwyddwydr yn ôl yn ei le, cyn neidio dan y gwely a rhoi'r cwrlid rhyngddi hi a'r ddyfais tua phum llath i ffwrdd.

Rhai eiliadau'n ddiweddarach clywodd Llinos gamau'n closio at y drws. Roedd ei llygaid wedi'u hoelio ar y condom y tu ôl i'r piser yn tyfu'n fwy bob eiliad. – Dere mlân. Ffrwydra. Nawr. Plis, erfyniodd wrth i'r drws agor.

Ni allai weld pwy oedd yno o'i chuddfan.

Bob? Jean?

Ond llais anghyfarwydd dyn a glywodd.

– Peidiwch â phoeni, Miss Burns, ry'ch chi'n ddiogel nawr... *blydi hel*, beth uffarn yw hwnna? meddai'r swyddog MI5 cyn i ffrwydrad byddarol ysgwyd yr ystafell i'w seiliau.

Daeth Llinos o'i chuddfan a gweld y dyn yn gorwedd yn anymwybodol ger y drws wrth i nifer o blismyn arfog ruthro i mewn i'r tŷ.

5.

– Ydych chi'n sylweddoli beth yw cost hyfforddi asiantau o'r safon a ddaeth i'ch achub chi, Miss Burns? taranodd Bond, wrth i Paul a Llinos eistedd o flaen yr uwch swyddog MI5 ym mhrif ystafell Llysgenhadaeth Prydain yn Nulyn dair awr yn ddiweddarach.

Esboniodd Bond ei fod wedi penderfynu gyrru ysbïwr mewn gwisg postmon er mwyn trechu Jean a Bob Runcie ac achub Llinos.

Trwy gyfrin ffyrdd nad oedd Bond yn fodlon eu datgelu, roedd MI5 wedi darganfod ble roedd Llinos yn cael ei chadw, cyn cael gwybod gan Wasanaeth Post Iwerddon bod y postmon lleol wedi dosbarthu post sothach yno dros y dyddiau cynt.

Roedd y cynllun wedi gweithio'n berffaith, gyda Bob a Jean yn dod at ddrws y bwthyn i siarad â'r postmon. Llwyddodd hwnnw i chwistrellu coes Bob Runcie tra roedd yn arwyddo am y post, cyn tynnu Jean i'r llawr a'i gwneud hithau'n anymwybodol hefyd.

– Roedd y cynllun yn berffaith... *textbook*... nes i Miss Burns amharu ar bopeth, cwynodd Bond.

– Ond beth o'n i fod i neud? Do'n i ddim yn gwybod mai un o'ch ysbiwyr chi oedd y postmon, atebodd Llinos gan droi at Paul am gymorth.

– Mae Llinos yn llygad ei lle... ac mae'n rhaid ichi gyfadde iddi fod yn ddyfeisgar iawn, meddai Paul.

– Mi fyddwch chi'n falch o glywed nad yw ei anafiadau'n rhai parhaol, er ei fod wedi'i losgi'n eitha difrifol, diolch i chi, Miss Burns, meddai Bond.

– Wrth gwrs 'mod i'n teimlo trueni drosto ond mae'n rhaid i chi gyfadde mai esgeulustod eich swyddogion a arweiniodd at fy herwgipiad, atebodd Llinos.

– Ydy Jean a Bob Runcie wedi dweud unrhyw beth wrthoch chi? Ceisiodd Paul newid trywydd y sgwrs.

– Dim byd o werth. Maen nhw eisoes wedi cyfaddef mai nhw achosodd farwolaeth yr Athro Diffring yn yr Unol Daleithiau. Maen nhw hefyd wedi cyfaddef eu bod wedi bwriadu eich herwgipio chi nos Iau, Dr Price, ac iddyn nhw ein gweld yn eich diogelu cyn iddyn nhw gael cyfle i wneud hynny, atebodd Bond.

Amneidiodd Paul heb yngan gair wrth i Bond ymhelaethu.

– Cysylltodd Jean a Bob Runcie â Tom a Carla i ddweud wrthynt eich bod chi, Dr Price, yn cael eich gwarchod gennon ni. O ganlyniad, mi laddodd Tom a Carla ein hysbiwyr ni. Wrth gwrs mae Bob a Jean Runcie'n honni nad oedden nhw'n gwybod dim am weddill y cynllun. Dilyn cyfarwyddiadau Tom a Carla oedden nhw… er… un darn o wybodaeth fanteisiol yw nad oedd unrhyw gyfarwyddyd i'ch lladd chi, Dr Price… dim ond eich herwgipio… am ryw reswm maen nhw am eich cadw chi'n fyw.

– Cysur mawr, atebodd Paul.

– Ond yn anffodus marwolaeth fyddai eich tynged chi, Ms Burns, meddai Bond.

– O leia… ro'n nhw'n fy ofni i'n fyw, meddai Llinos.

– O bosib… ta beth… mi gewch chi gyfle i bendroni am hyn wrth inni eich gwarchod tra bod Dr Price yn hedfan i Munich bore fory.

– Munich? Fory? Ond ry'n ni fod i briodi yfory, chwyrnodd Llinos gan gofio bod teuluoedd Paul a hithau wedi cyrraedd Ballybunion y bore hwnnw. – Beth ydyn ni fod i ddweud wrth y gwesteion?

– Mae Moragh a Caoimhe Burns eisoes wedi gwneud ymholiadau â heddlu Ballybunion y bore 'ma ar ôl ichi ddweud wrthynt bod Dr Price wedi'i arestio am fod yn feddw ac afreolus pan gawsoch eich herwgipio neithiwr, atebodd Bond gan weld Paul yn griddfanu a chau ei lygaid. – Mae eich teuluoedd yn meddwl bod y ddau ohonoch yn helpu'r heddlu â'i ymchwiliadau. Efallai y dylech chi gysylltu gyda nhw a chynnig esgus dros ohirio'r briodas, awgrymodd Bond.

– Pam fod rhaid iti fynd i Munich fory? gofynnodd Llinos i'w chariad a throi at Bond. – Ry'n ni mewn peryg. Eich cyfrifoldeb chi yw sicrhau ein diogelwch, ychwanegodd gan edrych yn wyllt rhwng y ddau.

– Mae'n rhaid imi fynd i angladd fy ffrind, Gerd Maier. Fe wnaiff Bond esbonio, meddai Paul yn dawel.

– Mae angladd Dr Maier wedi'i drefnu am hanner dydd yfory. Er bod Munich wedi'i leoli yn rhan Babyddol y wlad, roedd Herr Maier yn hanu o'r gogledd ac yn Lwtheriad. Maen nhw'n claddu eu pobol yn gyflym ac yn ddiffwdan, dechreuodd Bond.

– Yn debyg i Tom a Carla, meddai Llinos dan ei hanadl.

– Doedd Gerd Maier ddim yn grefyddol iawn ond roedd ei wraig, Steffi, yn Lwtheriad pybyr. Hi oedd yn rheoli'i fywyd. Menyw gref iawn, meddai Paul, gan gofio'i gyfnod yn Munich ddwy flynedd ynghynt.

– Rwy'n hoffi Frau Steffi Maier yn barod, meddai Llinos.

– Ry'ch chi'n debyg iawn… er dwi ddim yn cofio iddi honni erioed i Gerd gael *nervous breakdown,* atebodd Paul yn ciledrych ar Llinos.

Gwingodd hithau. Sylweddolodd fod y gath allan o'r cwd o'r diwedd.

– Ta beth. Mae'n hollbwysig eich bod chi yno rhag ofn i Ute Fischer geisio cysylltu â chi, meddai Bond.

– Pwy yw Ute Fischer? gofynnodd Llinos i geisio osgoi trafod y celwydd roedd hi wedi'i raffu am salwch meddyliol Paul.

– Rhywun oedd yn rhan o'r cynllun drôn. Paid â phoeni am Dr Fischer, meddai Paul mewn ffordd mor ffwrdd â hi â phosib.
– Rwy'n gobeithio y byddwch chi'n cadw Llinos yn ddiogel tra bydda i'n gweithio yn yr Almaen, ychwanegodd, gan obeithio na fyddai Bond yn dweud mwy am ei berthynas ag Ute Fischer.

Gwyddai mor genfigennus y gallai Llinos fod o'i gariad arall, sef gwyddoniaeth.

– Unwaith eto… pwy yw Ute Fischer? gofynnodd Llinos yn ddiamynedd.

– Does gennoch chi ddim digon o bobl i warchod Llinos a finne ym Munich, nagoes, Bond? Mi fyddai'n well petawn i'n teithio yno ar fy mhen fy hun, awgrymodd Paul.

– Mae hynny'n wir, Dr Price. Ond mae'n rhaid imi ddweud i Miss Burns fod yn gyfrwys iawn yn goresgyn ei herwgipwyr.

– Am y trydydd tro, pwy yw Ute Fischer? gwaeddodd Llinos.

– Ac fel rwy'n deall o'n harchwiliad o'r digwyddiadau ym Mhwllderi, syniadau Miss Burns oedd yn bennaf gyfrifol am eich llwyddiant i oresgyn y bradwyr yno. Rwy'n credu y byddai Ms Burns yn gaffaeliad mawr i'r ymdrech i ddod o hyd i Dr Fischer, meddai Bond a gweld Paul yn symud yn anghyffyrddus yn ei sedd.

– Rwy'n cytuno'n llwyr. Alla i ddim ymddiried ynddoch chi i'm gwarchod, Mr Bond… ac ry'n ni'n gweithio'n well fel tîm, on'd y'n ni, Paul?, meddai Llinos.

– Ydyn ni? Dwi dim yn siŵr ein bod ni'n gwneud tîm da, Llinos. Ddwedest ti gelwydd amdana i wrth dy deulu. Mi alla i faddau iti am ddweud 'mod i wedi colli arni, ond alla i ddim maddau iti am roi dy gefndryd a'u gwragedd a'u plant mewn perygl er mwyn i ni gael lloches.

Gwyddai Llinos mai nawr oedd yr amser i ymddiheuro i Paul am ei phenderfyniad yn Ballybunion. Ond doedd Llinos Burns yn plygu i neb, yn enwedig ei darpar ŵr. – Ond mi weithiodd y cynllun. Mae pawb yn ddiogel. Ta beth, mae'n bosib nad fi yw'r unig un sydd wedi dweud celwydd. Ac am y tro ola. Pwy yw Ute Fischer?

– Man a man iddi gael gwybod popeth, meddai Paul yn dawel.

– Popeth? Ydych chi'n siŵr, Dr Price? gofynnodd Bond.

– Popeth.

Esboniodd Bond fod Paul a Dr Fischer wedi dod yn ffrindiau yn ystod y cyfnod y bu Paul yn gweithio yn yr Almaen, rhwng Gorffennaf a Medi ddwy flynedd ynghynt.

Agorodd ffeil a rhoi neges e-bost Ute Fischer i Llinos.

Darllenodd hithau'r neges.

– Rwyf mewn trafferth, Paul. Wyt ti'n mynd i angladd Gerd? Mi gysyllta i bryd hynny? X. Ute.

Trodd at Paul. – Dwi erioed wedi dy glywed di'n sôn am Ute Fischer, Paul.

– Naddo. Sai'n siŵr pam 'chwaith.

– A pham fydde fe'n rhoi sws ar ddiwedd y neges?

Llyncodd Paul yn ddwfn cyn ateb.

– Nid 'ef' yw Ute… ond 'hi', meddai'n dawel, gan weld Bond yn tynnu llun o Ute Fischer o'i ffeil.

– Dyma hi, Miss Burns.

– Menyw ifanc, ddeniadol… iawn, meddai Llinos.

– Wyt ti'n meddwl? Erioed 'di sylwi. Falle'i bod hi'n weddol bert am fenyw yn ei hugeiniau hwyr sy'n un o'r gwyddonwyr gorau yn ei maes yn fyd-eang.

– Am faint yn gwmws oeddet ti yn ei chwmni hi? A beth yn gwmws oedd natur y berthynas? gofynnodd Llinos.

– Tri mis… perthynas hollol broffesiynol… gwaith… gwaith… gwaith… drwy'r amser, atebodd Paul.

– Mi wnaethon ni'n dau gwrdd ddwy flynedd yn ôl… toc ar ôl iti ddychwelyd o'r Almaen. Es di allan 'da fi er mwyn dod drosti hi, on'd do? ebychodd Llinos, yn edrych i fyw llygaid Paul am unrhyw arwydd ei fod yn dweud celwydd.

– Naddo... rwy'n addo i ti, atebodd Paul, â'i wyneb fel delw.

– Dwi ddim yn dy gredu di... ti wedi cytuno i helpu i ddod o hyd iddi, er bod hynny'n mynd yn groes i dy egwyddorion.

– Doedd dim dewis gen i. Roedd yn rhaid imi gytuno i helpu Bond neu fydde MI5 ddim wedi dy achub di.

– Ydy hynny'n wir?

Amneidiodd Bond ei ben.

Edrychodd Llinos yn dyner ar Paul.

– Mi wnes di aberthu dy egwyddorion i'm hachub i?

Amneidiodd hwnnw'i ben.

– Pam?

– Rwy'n ddyngarwr.

– ... a?

– Ac yn fwy na hynny, mi achubaist ti fy mywyd i. Fyddwn i ddim yma heddiw heblaw am dy help di ym Mhwllderi.

– ... a?

– Oes angen rheswm arall?

– Falle am dy fod yn fy ngharu i?

Ochneidiodd Paul. – Mae hynny'n amlwg.

– Yw e? Dwi ddim yn siŵr... falle mai dyna pam rwyt ti wedi cytuno i helpu Frau Fischer hefyd... falle dy fod ti'n caru pawb yn y byd yn yr un modd, atebodd Llinos a throi at Bond.

– Rwy'n credu y dylwn i fynd i Munich gyda Paul, meddai, gan ddal llaw ei chymar yn dynn. Doedd dim pwynt dadlau â Llinos, meddyliodd Paul, yn gwingo wrth iddi wasgu ei law'n dynnach fyth.

Gyda hynny clywyd cnoc ar y drws cyn i ddyn tal, tenau yn ei ugeiniau hwyr gerdded i mewn i'r ystafell.

– Eisteddwch, Rod, meddai Bond yn Saesneg.

– Diolch, Syr, atebodd y dyn yn Saesneg cyn eistedd yn ymyl Bond. Amneidiodd Paul ei ben i gyfarch y dyn.

– Helô!, meddai Llinos yn dawel, gan syllu ar y dyn golygus â'r mop o wallt lliw tywod. – Mae pethau'n dechrau gwella 'ma. Mae hwn yn bishyn, ychwanegodd dan ei gwynt wrth Paul.

– Diolch, Miss Burns. Caredig iawn, meddai Rhodri Tomos yn Gymraeg, yn gwenu'n siriol ar Llinos wrth i honno gochi mewn embaras.

– Rod fydd yn eich gwarchod tra byddwch chi'n chwilio am Ute Fischer yn yr Almaen, meddai Bond.

– A fydd un person yn ddigon i warchod y ddau ohonon ni yn Munich? gofynnodd Paul yn amheus.

– Bydd Rod yn cydgysylltu ag aelodau o wasanaeth cudd yr Almaen, sef y BND. Gall esbonio popeth sydd angen ichi ei wybod ar y daith awyren i Munich, atebodd Bond.

– Mi fydd hi'n hyfryd cael cwmni rhywun sy'n siarad Cymraeg, gwenodd Llinos yn siriol ar Rhodri, yn y gobaith o wneud Paul yn genfigennus.

– Ac yn ddefnyddiol os byddwn ni am drafod rhywbeth yn Gymraeg, sibrydodd Paul wrth Llinos.

6.

Cyrhaeddodd yr awyren faes awyr Franz Josef Strauss yn Munich am naw fore trannoeth. Cafodd Paul, Llinos a Rhodri Tomos eu tywys o'r safle gan ddau aelod o'r BND, cyn dechrau'r daith i angladd y diweddar Dr Gerd Maier.

Roedd Rhodri wedi rhestru ei ganllawiau diogelwch wrth Paul a Llinos cyn iddyn nhw ddal yr awyren i Munich y bore hwnnw. Pwysleisiodd y dylai'r tri aros yng nghwmni'i gilydd drwy'r adeg. Ceisiodd dawelu eu hamheuon am eu diogelwch ac ailadrodd yr hyn ddywedodd Bond, y byddai aelodau o'r BND yno i'w helpu bob amser.

Roedd Eglwys Lutheraidd St Luc, lle byddai'r gwyddonydd, Gerd Maier, yn cael ei gladdu, wedi'i lleoli ar lannau'r afon Isar, hanner ffordd rhwng Steinsdorfstraße a Marienplatz yng nghanol y ddinas. O ganlyniad roedd y daith yn un araf wrth i'r BMW ymlwybro trwy draffig trwm y bore.

Eisteddai Llinos yn sarrug yng nghefn y car, gan feddwl y dylai hi fod yn cael ei chludo gyda'i thad i'w phriodas, yn hytrach na bod wrthi'n helpu Paul i chwilio am ei gyn-gariad, y bore Sadwrn hwnnw.

Bu'n rhaid iddi ffonio Pat Burns y noson cynt i ddweud y byddai'n rhaid canslo'r briodas. Esboniodd yn gelwyddog fod Paul wedi cael ail bwl o broblemau meddyliol ac na ddylai neb ymweld ag ef am o leiaf wythnos, am ei fod mewn sefydliad iechyd meddwl anhysbys. Treuliodd dros ddwy awr ar y ffôn a bu'n rhaid iddi ddweud yr un celwydd wrth ei mam, ei thad, ei brawd, a rhieni Paul.

Edrychodd Paul drwy ffenestr y car, yn flin iddo orfod cytuno â syniad Llinos mai parhau â'r celwydd am ei salwch meddwl oedd yr esgus gorau dros ganslo'r briodas. Roedd hefyd yn flin y byddai ei holl waith ar gyfer yr asesiad NVQ Lefel 1 yn ofer, am na fyddai'n debygol o ddychwelyd i Ballybunion erbyn y dydd Mawrth canlynol, os o gwbl.

Serch hynny roedd Bond wedi ennyn ei ddiddordeb fel gwyddonydd. A fyddai e'n ddigon da i ddatrys y broblem oedd wedi atal ei gyfoedion rhag cwblhau'r cynllun? Oedd e'n fodlon cwblhau'r cynllun petai'n cael cyfle i wneud hynny? A fyddai ei chwilfrydedd fel gwyddonydd yn drech na'i foesau?

Gwyliodd Paul y bobl oedd yn cerdded strydoedd prif ddinas Bafaria o gefn y car. Teimlai iddo gamu'n ôl mewn amser i'r ddeuanwfed ganrif, ac i ganol un o straeon y brodyr Grimm. Roedd bron pob dyn a welai'n gwisgo'r clos pen-glin lledr hwnnw sy'n rhan o wisg draddodiadol y dalaith, sef y lederhosen. Gwisgai llawer ohonynt het ffelt oedd hefyd yn nodweddiadol o ardal y Fforest Ddu. Roedd nifer fawr o'r menywod yn gwisgo'r bodisiau tynn, y ffedogau, a'r blowsys oedd yn rhan o'r wisg draddodiadol, y dirndl.

Er nad oedd hi ond deg o'r gloch y bore, roedd rhai pobl eisoes wedi meddwi'n dwll ac yn gafael yn dynn yn eu steins o gwrw wrth ymlwybro'n igam-ogam ar hyd strydoedd y ddinas.

– Mae marwolaeth Dr Maier wedi dod ar adeg anffodus iawn. Heddiw yw diwrnod cyntaf yr Oktoberfest. Mae dros chwe miliwn o bobl yn cymryd rhan yn yr ŵyl yfed, dechreuodd Rhodri esbonio.

– Rwy'n gwybod beth yw Oktoberfest, meddai Paul yn ddiamynedd.

Ond aeth Rhodri yn ei flaen i esbonio mwy am yr un diwrnod ar bymtheg o ddiota di-baid oedd yn digwydd yn ardal Theresienwiese y ddinas ers dros ddau gan mlynedd.

Tra bod Rhodri'n parablu roedd Paul yn meddwl am y penwythnos pleserus a dreuliodd yng nghwmni Ute Fischer yn yr ŵyl ddwy flynedd ynghynt. Yfodd ormod o gwrw a bwyta gormod o'r selsig gwyn enwog, y Weisswurst, a thwmplenni a nwdls caws yng nghanol yr holl bobl oedd yn gweiddi, canu a diota. Cofiodd wrando ar y bandiau pres Wmpa di-ri ac Ute'n dweud wrtho am Albert Einstein yn gweithio fel labrwr i helpu codi prif babell y Schottenhamel pan oedd yn ddyn ifanc.

– Treuliais ddiwrnod neu ddau pleserus iawn yma'n yfed gyda... ff... ffrindiau, meddai Paul.

– Ffrindiau'n wir... Fischer ro't ti bron â dweud, brathodd Llinos yn chwyrn.

Ceisiodd Rhodri newid trywydd y sgwrs, wrth eistedd rhwng

Paul a Llinos yng nghefn y car. Dechreuodd sôn am leoliad yr angladd.

– Mae'r eglwys yn enghraifft wych o bensaernïaeth Brotestannaidd y bedwaredd ganrif ar bymtheg. Wrth gwrs mae Bafaria'n un o gadarnleoedd yr eglwys Gatholig, felly hon yw un o'r eglwysi Lutheraidd prin a welwch chi yn Munich, a'r Lukaskirche yw'r eglwys fwyaf o bell ffordd, meddai.

Roedd Rhodri wedi dechrau codi gwrychyn Paul gyda'i wybodaeth fanwl am y ddinas.

– Doedd Gerd Maier ddim yn ddyn crefyddol. Roedd e'n gorfod mynd i'r eglwys am fod ei wraig yn grefyddol iawn. Rwy'n cofio fe'n dweud wrtha i ei fod yn addas i Martin Luther gael y syniad am greu'r grefydd Brotestannaidd wrth eistedd ar y toiled, meddai.

– A... yr enwog *Turmerlebnis,* meddai Rhodri gan chwerthin. – Wrth gwrs, myth eschatolegol yw'r stori honno, sy'n deillio o gamddealltwriaeth ynghylch gramadeg Lladin Luther.

– 'Na 'ni... ti wedi dysgu rhywbeth newydd heddiw, Paul, meddai Llinos.

– Ydych chi wedi astudio Lladin, Dr Price? gofynnodd Rhodri.

– Na, atebodd Paul yn swta. – Gwyddonydd ydw i. Mae gen i fwy o ddiddordeb yn nyfodol y ddynolryw na'i gorffennol.

– Mae Rod yn gallu siarad saith iaith... yn rhugl... on'd wyt ti, Rod? Mae'n gallu cyfathrebu 'da mwy o'r ddynolryw na ti, Paul, meddai Llinos.

– Rod yw hi nawr ife? Mae dy gefnder Liam yn gallu siarad saith iaith 'fyd... a gyrru lorïau mae e'n neud, meddai Paul a throi at Llinos. – Sut wyt ti'n gwybod bod *Rod* yn siarad saith iaith?

– Gawson ni sgwrs hir ar yr awyren... tra roeddet ti'n

chwyrnu. Mae Rod yn dweud y dylen ni ymweld â rhai o orielau'r ddinas tra'n bod ni 'ma, meddai Llinos wrth i'r car nesáu at yr eglwys.

– Bydde'n well 'da fi fynd i wylio Bayern Munich. Pêl-droed yw bale'r dyn cyffredin, meddai Paul gan droi at Rhodri. – Ydych chi'n dilyn pêl-droed?

– Dim fel y cyfryw.

– Dylech chi. Bayern Munich yw un o'r timau mwya llwyddiannus erioed. Enillwyr Cwpan Ewrop dair gwaith o'r bron rhwng 1973 a '75, broliodd Paul.

Pesychodd Rhodri a throi i wynebu Paul.

– Rwy'n credu mai rhwng 1974 a '76 enillon nhw gwpan Ewrop gan guro Atlético Madrid, Leeds United a St-Étienne yn y rowndiau terfynol. Ond dwi ddim yn cofio sgôr y gemau... fel ddwedes i... dwi ddim yn ddilynwr brwd, meddai Rhodri.

Chwarddodd Llinos.

– Mae Rod wedi dy roi di yn dy le unwaith eto.

– Rod hyn, Rod llall, meddyliodd Paul, wrth i'r car arafu ger mynedfa'r eglwys.

7.

Eisteddai Tom a Carla mewn BMW wedi'i barcio ddeugain llath o fynedfa'r eglwys Lutheraidd. Gwyliodd y ddau dros ddau gant o bobl yn cyrraedd yr angladd gan gynnwys Paul, Llinos a Rhodri.

Roeddent wedi teithio o Ddulyn i Munich mewn awyren breifat y noson cynt. Gwyddai'r ddau i MI5 lwyddo i achub Llinos yn sgil ymdrechion aflwyddiannus Tom i gysylltu â Bob a Jean Runcie.

Derbyniodd Tom alwad ffôn y noson honno gan ei feistri'n

dweud bod yr adran gyfrifiadurol wedi canfod neges e-bost a anfonodd Fischer at Dr Paul Price, yn gofyn iddo fynychu angladd Gerd Maier.

– Penderfyniad naïf Dr Fischer i anfon e-bost heb ei amgryptio, awgrymodd Tom yn gweld yr arch yn cyrraedd yr eglwys mewn hers.

– Mae hi'n naïf. Mae'n amlwg ei bod hi'n llawn panig ar hyn o bryd... sy'n fantais inni, atebodd Carla'n ddi-emosiwn, yn gwylio arch y dyn a laddodd hi'n cael ei thynnu o'r hers. – Ond dwi dal ddim yn deall sut roedd MI5 yn gwybod lle'r oedd Llinos Burns yn cael ei chadw'n gaeth.

– Na finne chwaith. Mae Bob a Jean Runcie bob amser wedi bod mor drylwyr. Wrth gwrs mae'n bosib bod rhywun wedi'u bradychu nhw, meddai Tom gan droi at Carla.

– Paid ag edrych arna i. Mi lwyddais i i ladd Gerd Maier, on'd do? meddai honno gan amneidio i gyfeiriad yr eglwys lle'r oedd yr arch yn cael ei chario ar ysgwyddau chwech o alarwyr.

– Ond mi fethaist ti gyda Fischer.

– Dim ond am ei bod hi wedi ffoi cyn imi gyrraedd ei fflat. Mae'n bosib bod Maier wedi cael amser i'w ffonio a'i rhybuddio cyn i'r gwenwyn ei ladd.

– Mae hynny'n bosibilrwydd... neu roedd hi wedi dy amau di, meddai Tom gan gosi'i ên.

– Na. Mi fues i'n ofalus iawn. Roedd hi'n ymddiried yn llwyr yno'i. Edrychodd Carla allan o'r ffenest yn chwyrn a meddwl am ei chyfeillgarwch ffug ag Ute Fischer.

★ ★ ★ ★

Bu Carla'n brysur iawn yn ystod y pum mis yn dilyn y gyflafan yn Sir Benfro. Bryd hynny roedd hi wedi llwyddo i weld cynnwys y ffon gof roedd Mansel Edwards wedi'i chuddio ar ben cofgolofn Dewi Emrys ym Mhwllderi, cyn i Paul ei dwyn yn ôl a dianc i Iwerddon.

Gwelodd Carla ddigon o ddeunydd i sylweddoli bod Mansel Edwards wedi annog Paul i anfon y cynnwys at ei gyfoedion. O ganlyniad cafodd yr uned o ysbiwyr y dasg gan eu meistri ym Moscow o ymchwilio i'r gwyddonwyr hyn, rhag ofn bod damcaniaethau Mansel Edwards wedi eu sbarduno i weithio ar gynllun arall.

Ym mis Mai llwyddodd Carla i ddod i adnabod Ute Fischer drwy ymaelodi yn yr un gampfa â hi. Un diwrnod dechreuodd sgwrs gyda'r gwyddonydd. Ffurfiodd gyfeillgarwch â hi drwy esgus eu bod yn rhannu'r un diddordebau, yn bennaf bandiau roc trwm fel Rammstein ac Einstürzende Neubauten. Dechreuodd y ddwy gyfarfod ar gyfer y ddefod gymdeithasol benwythnosol *Kaffee und Kuchen*, sydd mor bwysig i bobl München, a threulio nosweithiau Sadwrn yn *bierkellers* canol y ddinas.

Roedd hi'n naturiol felly bod Fischer yn sôn rhywfaint am ei gwaith, gan ofalu nad oedd hi'n dweud gormod wrth ei ffrind newydd. Ond llaciodd tafod Ute yn ystod noson feddw yn yfed Doppelbock yn yr Hofbräuhaus, ar ôl i'w gwaith hi ar y cyd â Gerd Maier a Gene Diffring ymddangos yn y *New Scientist*. Llongyfarchodd Carla hi am eu llwyddiant ar y cynllun teledu crisialau hylifol, ond wfftiodd Fischer hwnnw, a dweud yn ei meddwdod eu bod yn cydweithio ar gynllun llawer pwysicach.

Nid oedd Ute Fischer yn cofio dim am y sgwrs y bore wedyn, ond roedd Carla wedi cael gwybod digon i alluogi arbenigwyr cyfrifiadurol y Rwsiaid i fynd ati i geisio hacio cyfrifiaduron Diffring, Maier a Fischer. Erbyn dechrau Medi roedd y Rwsiaid wedi casglu digon o dystiolaeth i gredu bod y gwyddonwyr yn ceisio creu drôn arfog maint llaw. Y cam nesaf oedd sicrhau bod y gwaith yn mynd ar chwâl cyn iddynt ei orffen.

Llwyddodd Bob a Jean Runcie i ladd Gene Diffring, a llwyddodd Carla i chwistrellu gwenwyn marwol yng nghoes Gerd Maier. Ond bu'n rhaid i'r ysbiwyr newid eu cynlluniau ar ôl i Carla ddweud wrth Tom fod Fischer wedi ffoi o'i fflat gyda'i gliniadur a'i ffôn cyn i'r ysbïwr gyrraedd, ac nad oedd y gwyddonydd wedi ateb ei ffôn symudol nac ymateb i negeseuon e-bost Carla ers hynny.

– Er iddi fynd â'i gliniadur gyda hi, roedd ei chyfrifiadur dal yno ac rwy'i wedi lawrlwytho'r holl gynnwys, meddai Carla wrth Tom yn ddiweddarach y diwrnod hwnnw.

– Ac? gofynnodd Tom.

– Does dim byd am y gwaith ei hun, ond mi welais i e-bost a rannwyd rhwng Fischer, Maier a Diffring. Mae'n debyg bod 'na wyddonydd arall wedi cymryd lle Mansel Edwards fel rheolwr y cynllun drôn.

– Pwy?

– Mae'n galw ei hun yn Dr Richard Roe, ond dy'n ni ddim yn gwybod pwy yw e. Does neb yn y byd gwyddonol yn ei nabod e nac yn gwybod ble mae e. Enw ffug, mae'n amlwg, atebodd Carla. Ond yn ôl yr e-byst a anfonwyd rhwng y tri gwyddonydd roedden nhw'n hapus iawn â gwaith Dr Roe.

– Pam?

– Am fod y gwaith o'r un safon â gwaith Mansel Edwards a Paul Price.

– Beth wyt ti'n awgrymu?

– Mae'n bosib mai Dr Paul Price yw Dr Richard Roe, meddai Carla.

Roedd Carla a Tom wedi diystyru Paul yn gyfan gwbl ar ôl

iddo ffoi i Iwerddon, a chymryd yn ganiataol na fyddai ganddo'r cyfleusterau angenrheidiol i ymgymryd â'r gwaith, ble bynnag roedd e'n cuddio. Hefyd, wrth olrhain yr e-byst a anfonwyd gan y gwyddonwyr yn ystod y cyfnod hwnnw, sylwodd y Rwsiaid nad oedd Maier, Fischer a Diffring wedi cysylltu â Paul yn uniongyrchol.

Fodd bynnag, yn sgil yr wybodaeth newydd, byddai'n rhaid i'r ysbiwyr ddarganfod ai Paul oedd y gwyddonydd oedd yn arwain y cynllun drôn ers marwolaeth Mansel Edwards.

– Gwyddonydd damcaniaethol yw Paul Price. Yr unig gyfleusterau sydd eu hangen arno i weithio yw ei ymennydd a chyfrifiadur, meddai Carla

– Ddylen ni fod wedi'i ladd e ym Mhwllderi. O leia gawn ni'r cyfle i ddial arno am strywio'n cynlluniau, meddai Tom.

– Ydyn ni'n gwybod ble mae e?

Er bod Llinos a Paul wedi pwysleisio pwysigrwydd priodas dawel yn Ballybunion wrth drefnu gyda'r offeiriad, y Tad Eamonn O'Connor, ni wyddai'r ddau fod yr offeiriad diymhongar gwenog oedd wedi hen gyrraedd oed yr addewid hefyd wedi hen gyfarwyddo â'r oes ddigidol. Yn anffodus roedd y Tad O'Connor yn flogiwr brwd.

Trodd Carla sgrin ei gliniadur i gyfeiriad Tom, gan ddangos gwefan Eglwys Sant Ioan yn Ballybunion. Cliciodd ar neges fisol y Tad O'Connor. Darllenodd Tom flog diflas yn sôn am farwolaethau lleol, llwyddiant y ffair haf, ac yna'r pwt canlynol.

– Bydd mis Medi'n un hynod o brysur hefyd... bydd Llinos Burns, cyfnither aelodau ffyddlon o'r eglwys, sef Patrick, Ciaomhe, Declan, Moragh a Liam Burns yn priodi Dr Paul Price yn yr eglwys ar Ddydd Sadwrn yr 17eg o Fedi.

– Dydd Sadwrn 'ma... mewn tridiau. Rwy'n credu ddylen ni fynd i longyfarch y pâr hapus, meddai Tom.

Ond chwalwyd y cynllun i herwgipio Paul gan ymdrechion MI5 a Llinos Burns yn Ballybunion, ac arwain Tom a Carla i amau'n gryf mai ef oedd y gwyddonydd, Dr Richard Roe.

Penderfynodd y ddau ysbïwr ddychwelyd i Munich i ddal ati i chwilio am Ute Fischer, ond doedd dim syniad ganddynt sut y gallen nhw geisio herwgipio Paul eto i gael gwybod ai ef oedd Dr Roe ai peidio.

Ond ymhen dwyawr, roedd y ddau'n ffyddiog bod yr ateb ganddynt, pan gafodd Tom alwad ffôn gan ei feistri'n dweud bod yr adran gyfrifiadurol wedi canfod neges e-bost a anfonodd Fischer at Dr Paul Price, yn gofyn iddo gwrdd â hi yn angladd Dr Maier.

★ ★ ★ ★

– Dewch i mewn i'm parlwr meddai'r corryn wrth y pryfyn, sibrydodd Tom. Gwyliodd Paul a Llinos yn ymuno â gweddill y galarwyr yn yr Eglwys. Gwenodd a throi at Carla.

– Mae'n amlwg bod Fischer yn dal i fod yng nghyffiniau Munich os ydy hi'n bwriadu cysylltu â Price yn ystod yr angladd. Os lwyddwn ni i ddilyn Price mi fydd e'n siŵr o'n harwain ni at Fischer. Mi fydd yn rhaid inni roi stop ar y ddau cyn iddyn nhw lwyddo i gwblhau'r cynllun wrth gwrs, meddai.

– Neu eu darbwyllo i gwblhau'r cynllun i ni, atebodd Carla.

– Doeth iawn, atebodd Tom. Tynhaodd ei dei du a chamu allan o'r car, croesi'r ffordd ac ymuno â chefn y ciw o alarwyr oedd yn cerdded yn araf i mewn i'r eglwys gan sicrhau na fyddai'n mynd yn rhy agos i Paul, Llinos, a'u gwarchodwr.

8.

Safai Paul, Llinos a Rhodri ymysg y dorf yn yr ystafell gynadledda mewn gwesty ger Eglwys Lutheraidd St Luc yn Munich. Roedd y galarwyr wedi cerdded y ddau gan llath o'r eglwys i'r gwesty. Yn eu mysg roedd nifer o wyddonwyr enwog oedd wedi teithio i brifddinas Bafaria i dalu teyrnged i Gerd Maier. Ond nid oedd Ute Fischer yn un o'r rheiny.

Treuliodd Paul, Llinos a Rhodri bum munud yn symud yn araf rhwng y galarwyr di-ri yn hen neuadd ddawns y gwesty. Teimlai Paul ei fod yn rhan o ddawns *gavotte* anferth wrth gilgamu ac osgoi cyffwrdd â phawb o dan y siandelïers addurnedig. O'r diwedd gwelodd rhywun roedd yn ei adnabod yn sefyll ar ei ben ei hun ger bwrdd hir yn llawn platiau o fwyd yng nghefn yr ystafell.

Roedd Dr Wolfgang Overath tua'r un oedran â Paul ac yn arbenigwr mewn ymchwil crisialau hylifol ym Mhrifysgol Munich. Daeth y ddau'n ffrindiau yn ystod ymweliad Paul â'r adran ddwy flynedd ynghynt.

– Mae'r pate'n wych, meddai Wolfgang. Daliai blatiaid o fwyd bwffe yn ei law chwith gan siglo llaw Paul â'i law dde.

– Wyt ti wedi gweld Ute? gofynnodd Paul ar ôl i'r ddau drafod y tristwch o golli Gerd Maier.

– Dwi ddim wedi'i gweld hi ers i Gerd farw... syllodd Wolfgang yn syn ar Llinos, oedd wedi gosod mynydd o fwyd bwffe ar blât ac wrthi'n bwyta'n awchus. – ...heblaw pan welais i hi yn yr adran yn fuan ar ôl inni glywed bod Gerd wedi marw, ychwanegodd, gan sylwi bod y dyn arall yng nghwmni Paul yn siarad â Llinos ond yn amlwg yn gwrando'n astud ar ei sgwrs ef a Paul.

Ychwanegodd Wolfgang iddo gael sgwrs fer ag Ute. – Roedd hi dan deimlad ar ôl cael y newyddion am Gerd. Doedd hi ddim

yn y labordy'n hir... deng munud efallai... ond mi adawodd
hi cyn i swyddogion yr heddlu neu'r BND neu bwy bynnag
oedden nhw gyrraedd i archwilio ei labordy, meddai, yn sylw
fod Llinos wedi gorffen ei bwyd ac wrthi'n brysur yn ail-lenw
ei phlât.

– Gyda llaw, Paul. Pwy yw'r ddynes yna? sibrydodd,
amneidio ei ben i gyfeiriad Llinos.

– Fy nghymar, Llinos.

– Yn wir! Rwyt ti'n dal gyda hi? atebodd Wolfgang cyn i'r
ddau ffarwelio â'i gilydd.

Roedd tystiolaeth Wolfgang yn awgrymu bod Ute wedi
llwyddo i smyglo prototeip y drôn allan o'r labordy cyn i ysbiwyr
yr Almaen gael eu dwylo arno, meddyliodd Paul. Treuliodd yr
ugain munud nesaf yn sgwrsio ag aelodau eraill o adrannau
Ffiseg a Chemeg Prifysgol Munich y daeth i'w hadnabod yn
ystod ei gyfnod yn y Brifysgol.

Cadarnhaodd cyfoedion Ute nad oedd yr un ohonynt wedi
clywed siw na miw ganddi ers i Gerd Maier farw dridiau
ynghynt. Safai Rhodri ger ysgwydd Paul gan wrando'n astud
ar y sgyrsiau, tra roedd Llinos wrthi'n claddu mwy o fwyd.

– Well inni gael gair â Frau Maier, meddai Paul, oedd wedi
gweld y wraig weddw'n siarad â grŵp o bobl yng nghornel yr
ystafell. Safai honno'n urddasol, yn siglo dwylo â rhes o alarwyr
ac yn amneidio'i phen bob hyn a hyn.

– Dyw ei Saesneg hi ddim yn wych, felly bydd yn rhaid imi
siarad Almaeneg â hi, meddai Paul wrth groesi'r ystafell yng
nghwmni'r ddau arall, gan weld cyfle i arddangos ei ddoniau
ieithyddol i Rhodri.

– Ddwedoch chi ddim eich bod chi'n medru siarad
Almaeneg, synnodd Rhodri.

– Naddo? O ydw, atebodd Paul. Gwenodd Llinos wrth sylwi

fod Rhodri wedi mynd o dan groen ei chymar. – Ro'n i bron yn rhugl ar ôl treulio'r haf yma ddwy flynedd yn ôl... ac mi wnes i gwrs TGAU Almaeneg ar fy liwt fy hun... A seren... tra ro'n i'n gwneud fy noethuriaeth... am fod nifer o bapurau gwyddonol o'r 1960au a'r 70au oedd o ddiddordeb i mi heb eu cyfieithu i'r Saesneg.

– Efallai y byddai'n syniad da petaech chi'n gofyn i Frau Maier a yw hi wedi gweld Ute Fischer, sibrydodd Rhodri, wrth iddo gydgerdded â Paul a Llinos ar draws yr ystafell.

Trodd Paul ac edrych arno'n swrth.

– Fi yw'r *brains* fan hyn... iawn? A dwi ddim am achosi gofid i fenyw sy'n galaru am ei gŵr. Mae 'na amser i fod yn gyfrwys ac mae 'na amser i fod yn weddus, meddai.

– Iawn, atebodd Rhodri â gwên gam.

Roedd prifddinas ardal Bafaria wedi elwa o dywydd crasboeth dros y diwrnodau blaenorol. O ganlyniad roedd nifer o'r dynion wedi diosg eu siacedi am ei bod mor boeth yn y gwesty.

Cyflwynodd Paul ei hun i Frau Steffi Maier, a chydymdeimlo â hi yn Almaeneg.

– Diolch am ddod, Herr Price, atebodd Frau Maier yn Almaeneg.

Gwenodd Paul yn ceisio osgoi sôn am farwolaeth ei gŵr yn rhy fuan.

– *Ich bin heiβ*, meddai, gan dybio ei fod wedi dweud bod y tywydd yn boeth. Clywodd Rhodri'n pesychu y tu ôl iddo.

– *Entschuldigung. Ich verstehe nicht*, meddai Frau Maier, oedd yn amlwg heb ddeall Paul. Pesychodd Rhodri unwaith eto.

– *Ich bin heiβ... Bist du heiβ, Frau* Maier? gofynnodd Paul, yn gwenu a thynnu ar goler ei grys i ddangos ei fod yn boeth.

Siglodd Frau Maier ei phen mewn anghrediniaeth cyn cerdded i ffwrdd heb yngan gair arall.

– Beth ddwedes i o'i le? gofynnodd Paul mewn penbleth.

– Ddylech chi fod wedi defnyddio'r term *'Mis ist heiß'* i ddweud ei bod hi'n boeth Dr Price.

– Ond dyna beth mai *'Ich bin heiß'* yn ei olygu hefyd, meddai Paul yn amddiffynnol. Siglodd Rhodri ei ben.

– Yn anffodus mae *'Ich bin heiß'* yn golygu eich bod chi'n boeth mewn ffordd wahanol... beth yw'r gair Saesneg? ... ie, 'na fe... *horny,* meddai Rhodri. – Mi wnaethoch chi ofyn i wraig weddw'r ymadawedig yn y te angladd a oedd hi'n teimlo'n *horny.*

Gwelodd Paul fod Rhodri a Llinos yn cael trafferth peidio â chwerthin. Cochodd mewn embaras cyn teimlo'i stumog yn troi.

– Rwy'n mynd i'r tŷ bach, meddai, er mwyn dianc am ychydig.

Cyrhaeddodd doiledau'r dynion a chamu i un o'r ciwbiclau, cyn eistedd ar y toiled a griddfan yn uchel am eiliadau hir, gan geisio tawelu'i feddyliau. Penderfynodd fod yn rhaid iddo ymddiheuro i Frau Maier. Agorodd y drws a gweld Rhodri'n sefyll yno.

– Oes rhaid ichi fy nilyn i bobman? gofynnodd a cherdded heibio iddo.

– Rwy'i yma i'ch gwarchod chi, Dr Price, ac o'r dystiolaeth hyd yn hyn rwy'n credu bod gwir angen hynny.

– Mi alla i edrych ar ôl fy hun diolch yn fawr. Gyda llaw, ry'ch chi 'ma i warchod Llinos hefyd, meddai Paul, gan sylweddoli fod y ddau wedi ei gadael ar ei phen ei hun. – Ble mae hi? Beth os bydd rhywun yn ceisio ei herwgipio hi eto? bloeddiodd, a rhuthro o'r toiled ac yn ôl i ganol yr ystafell gynadledda. Symudodd yn gyflym ymysg y galarwyr yn chwilio am Llinos. Ond nid oedd i'w gweld yn unman. Eiliad yn ddiweddarach roedd Rhodri wrth ei ysgwydd unwaith eto.

– Ble mae hi? Dwi ddim yn ei gweld hi, poerodd Paul yn wyllt.

– Ddwedais i wrthoch chi fod yn rhaid inni aros gyda'n gilydd. Pam wnaethoch chi ruthro i'r toiled? Chi sydd ar fai am golli disgyblaeth, atebodd Rhodri'n ffyrnig.

– Y blydi ffŵl. Pam wnaethoch chi ei gadael hi? Alla i edrych ar ôl fy hun, sgyrnygodd Paul, wrth i Rhodri geisio rheoli'i dymer.

– Does dim pwynt dadlau. Mi af i chwilio amdani. Peidiwch â symud modfedd. Mae aelodau o'r BND yma hefyd. Fydd dim byd wedi digwydd iddi, rwy'n addo i chi, meddai Rhodri, gan ddechrau chwilio am Llinos ymhlith y galarwyr.

Eiliad yn ddiweddarach roedd gweinyddes yn sefyll yn ymyl Paul, ac yn estyn darn o bapur iddo.

– Neges ichi, syr.

– Pwy roddodd hwn i chi?

– Menyw ifanc.

– Gwallt melyn?

– Ie. Rai munudau'n ôl. Mi ddangosodd hi lun ohonoch chi fel 'mod i'n eich adnabod, a dweud wrtha i am roi'r neges ichi pan oeddech chi ar eich pen eich hun, meddai'r weinyddes, cyn symud i ffwrdd.

Darllenodd Paul y neges yn gyflym, rhoi'r darn papur ym mhoced ei got a symud yn llechwraidd tuag at yr allanfa.

Daeth Rhodri o hyd i Llinos funud yn ddiweddarach, wrth iddi ddod allan o doiledau'r merched. Heb yn wybod iddi roedd aelod benywaidd o'r BND yn ei dilyn. Esboniodd Rhodri fod Paul mewn panig a'i fod yn poeni amdano, wrth iddyn nhw fynd draw i ailymuno ag ef.

Ond roedd Paul wedi diflannu.

– Ble mae e? Dwi ddim yn ei weld e, meddai Llinos yn wyllt.

Ochneidiodd Rhodri a dweud *déjà vu* dan ei anadl.

– Pam wnaethoch chi ei adael e? Alla i edrych ar ôl fy hun, ychwanegodd Llinos.

– Peidiwch â phoeni. Mae aelodau o'r BND yma hefyd. Fydd dim byd wedi digwydd iddo, rwy'n addo i chi, meddai Rhodri'n hyderus.

Ond sylwodd Llinos fod ei lygaid yn sganio'r ystafell yn wyllt mewn ymgais ofer i weld y gwyddonydd.

9.

Doedd dim amheuaeth gan Paul fod y neges yn llawysgrifen Ute Fischer. Darllenodd ei chais iddo fynd i gwrdd â hi ym mhrif sgwâr dinas Munich, y Marienplatz. Gadawodd y gwesty heb sylwi bod dau aelod o'r BND yn ei ddilyn o bell. Ond ni sylwodd heddlu cudd yr Almaen fod rhywun yn eu dilyn hwythau hefyd.

Roedd Paul yn weddol gyfarwydd â chanol y ddinas a dechreuodd ar y daith ugain munud ar droed i sgwâr Marienplatz a thorri'r neges yn ddarnau mân a'u gollwng i'r llawr wrth iddo gerdded drwy ganol y dorf Oktoberfest wedi'u gwisgo fel cymeriadau Grimm. Os mai ef oedd Hansel, ble'r oedd Gretel? meddyliodd, wrth iddo nesáu at y sgwâr yn dilyn y strydoedd tawelaf yn fwriadol.

Erbyn hyn dim ond un aelod o'r BND oedd yn ei ddilyn. Roedd y llall yn gorwedd mewn ali ar ôl i Tom ei fwrw'n anymwybodol â phastwn. Rhoddodd Tom ei het Homburg ar ben yr ysbïwr. Tynnodd botel o gwrw o boced chwith ei got a'i gosod ym mraich dde'r dyn. Byddai pobl yn meddwl mai rhywun oedd wedi meddwi'n dwll ar ddiwrnod cyntaf yr Oktoberfest oedd yn gorwedd yn yr ali.

Canodd ffôn symudol Paul. Gwelodd mai Llinos oedd yn ceisio cysylltu ag ef. Roedd neges Ute'n dweud bod yn rhaid iddo ddod i gwrdd â hi ar ei ben ei hun. Trodd y ffôn bant heb ei ateb. Tynnodd y batri allan rhag ofn i'r ffôn ddatgelu ei leoliad a rhegi o dan ei wynt gan wybod y dylai fod wedi gwneud hyn yn y gwesty. Cerddodd yn ei flaen yn gyflym. Cymerai gipolwg yn ei ôl bob hyn a hyn i wneud yn siŵr nad oedd unrhyw un yn ei ddilyn.

Erbyn hyn roedd Tom wedi bwrw'r ail aelod o'r BND â'i bastwn. Gorweddai'r corff anymwybodol yn dal potel o gwrw ger dau fin sbwriel.

Roedd gan Carla wallt du, byr, pan fu Paul a hithau'n teithio ar hyd arfordir Sir Benfro gyda'i gilydd bum mis ynghynt. Ni sylwodd felly ar y fenyw â gwallt hir melyn yn ei ddilyn o bell wrth iddo ailymuno ag un o'r prif strydoedd yn arwain at sgwâr Marienplatz.

Gwyddai Carla y byddai'n rhaid iddi fod yn ofalus wrth ddilyn Paul, am nad oedd wedi llwyr werthfawrogi cyfrwystra'r gwyddonydd a'i gariad pan oeddent yn Sir Benfro. Serch hynny roedd hi'n argyhoeddedig mai Llinos oedd yr un ddichellgar a chyfrwys yn y bôn.

Y tro hwn roedd Paul ar ei ben ei hun wrth iddo anelu am y sgwâr. Tybiai o'i phrofiad ym Mhwllderi bod hwnnw'n rhy naïf i'w hatal hi rhag ei herwgipio heb help Llinos Burns.

10.

Ond roedd rhywun arall wedi gweld Paul Price yn cerdded tuag at sgwâr Marienplatz. Gwisgai lederhosen lledr du ysblennydd wrth chwarae'r tiwba ar y pryd. Roedd yn aelod o fand Wmpa a ddiddanai'r dorf y tu allan i'r Neue Rathaus.

Bum mis ynghynt bu Otto Grünwald a'i gariad Lotte Spengler yn rhannu'r un meysydd gwersylla â Paul yn Sir Benfro. Roedd Paul wedi ceisio arteithio Otto ar gam mewn cawod ar faes pebyll yn Freshwater East, gan dybio bod yr Almaenwr yn ceisio'i ladd. Yn ogystal, roedd wedi bygwth Otto a Lotte â dryll mewn parc antur yn Sir Benfro, a'u gorfodi i'w helpu i ddatrys pos cerddorol, mewn ymdrech i ddod o hyd i'r ffon gof oedd yn cynnwys ei waith arloesol ef a Mansel Edwards.

Ar ben hynny, roedd Paul a Llinos wedi defnyddio enwau Otto a Lotte i ddianc ar y fferi i Iwerddon. O ganlyniad cafodd yr Almaenwyr eu harestio ar gam gan swyddogion gwasanaeth cudd Iwerddon yn Rosslare oedd yn tybio mai Paul a Llinos oedden nhw. Bryd hynny y daeth hi'n amlwg bod Otto a Lotte wedi ceisio mewnforio wyau prin i'r wlad. Cafodd y ddau eu dedfrydu i garchar am dri mis yn Nulyn am y drosedd, a chollon nhw eu swyddi fel darlithwyr cerddoriaeth ym Mhrifysgol Fienna am ddwyn anfri ar y sefydliad.

Ar ôl cael eu rhyddhau o'r carchar fis ynghynt penderfynodd Otto a Lotte ymgartrefu yn Munich, lle cafodd Lotte ei magu. Ond roedd Otto'n gofidio na fyddai'r ddau'n ennill digon o arian i gynnal eu hunain ar ôl colli eu swyddi. Roedd yn fodlon iselhau ei hun felly drwy gardota ymhlith ymwelwyr prif sgwâr Munich, yn chwarae'r un nodau diflas ar y tiwba am wyth awr y dydd. Roedd y band pres Wmpa Bafaraidd traddodiadol newydd ddechrau chwarae *Spass im Münchner Hofbrähaus* am y pedwerydd tro ar ddeg y diwrnod hwnnw pan sylwodd Otto ar rywun yn cerdded heibio tua deg llath i ffwrdd. Ni allai gredu'i lygaid. Diolchodd i'r Duwiau yn Valhalla eu bod wedi rhoi cyfle iddo ddial ar Herr Doctor Paul Price.

Cadwodd lygad craff arno wrth i hwnnw gerdded i ganol y Marienplatz. Daeth y gân i ben a gosododd Otto'r tiwba ar y llawr cyn dweud wrth Lotte a'r gweddill y byddai'n dychwelyd ymhen pum munud.

– Mae gen i rywbeth pwysig iawn i'w wneud, meddai, gan frasgamu i gyfeiriad Paul.

11.

Roedd Paul wedi dilyn cyfarwyddiadau Ute Fischer i'r gair ac wedi cyrraedd ochr ddwyreiniol y Marienplatz, lle safai Neuadd y Ddinas, yr Altes Rathaus, lleoliad araith Joseph Goebbels yn 1938 a ddechreuodd pogrom Kristallnacht.

Roedd y sgwâr yn llawn pobl yn dathlu diwrnod cyntaf yr Oktoberfest. Roedd cannoedd yno'n gwrando ar sŵn byddarol y bandiau Wmpa ac yn gwylio'r llu o ddawnswyr a pherfformwyr stryd oedd wrthi'n diddanu'r dorf.

Dechreuodd Paul wylio act meim. Edrychodd ar ei wats. Deng munud i un. Daliodd ati i wylio'r perfformwyr yn ail-greu stori Faust gan Goethe am funud neu ddwy. Trodd i gerdded ar draws y sgwâr at gofgolofn y Forwyn Fair lle'r oedd i fod i gwrdd ag Ute Fischer am un o'r gloch. Ond cafodd fraw pan welodd rhywun yr un mor filain â Goebbels yn sefyll o'i flaen. Carla.

– Prynhawn da, Paul. Paid â cheisio dianc neu mi fydd yn rhaid imi dy saethu di, meddai honno'n dawel. Gwelodd Paul ei bod hi'n dal dryll ym mhoced ei chot. Ceisiodd feddwl yn gyflym am ffordd o ddianc, gan obeithio na fyddai Carla'n debygol o'i saethu mewn man mor gyhoeddus.

– Rwy'i am iti ddod gyda fi. Ry'n ni'n gwybod dy fod ti'n rhan o'r cynllun drôn, sibrydodd, a chlosio at Paul.

– Dwi ddim. Dwi yma i helpu fy ffrind, Dr Fischer, atebodd Paul, yn edrych o'i gwmpas a gobeithio nad oedd Ute Fischer yn y cyffiniau.

– Dere mlân, Paul. Ydw i fod i gredu dy fod ti wedi treulio'r misoedd diwethaf yn trin gwallt hen fenywod?

– Wyt. Mae fy ngyrfa fel gwyddonydd ar ben, Carla.

– Os nad wyt ti'n rhan o'r cynllun drôn mi ddylet ti ofyn y cwestiwn hwn i dy hun. Pam nad wyt ti?

Closiodd Carla at Paul a sibrwd.

– Rwyt ti'n ysu i wybod beth yw'r broblem a'i datrys, on'd wyt ti?

Gwyddai Paul fod Carla'n targedu ei ego gwyddonol. Gwyddai hefyd ei bod hi yn llygad ei lle.

– Na. Dim o gwbl, atebodd, gan godi'i ben a gweld fod y cloc ar adeilad yr Altes Rathaus yn dangos ei bod hi'n ddwy funud i un. Roedd yn rhaid iddo wneud rhywbeth cyn i'r cloc daro un o'r gloch.

– Paid â bod mor wrthun, Paul! Roeddet ti'n dwli ar fy nghwmni i yn Sir Benfro. Mi fyddet ti wedi gwneud unrhyw beth i 'mhlesio i bryd hynny. Rwy'n cofio ti'n dweud bod fy llygaid gleision yn lasach na hylif copr sylffad… bod fy nghroen cyn wynned â phowdwr alwminiwm ocsid… a'm gwallt cyn ddued â phlwm ocsid.

– A'r un mor wenwynig.

– O, Paul! Paid â dweud bod yn well gen ti *Fatty* Burns na fi.

– Dwi ddim yn hoffi *blondes*, Carla, a phwy yn y byd greodd y steil gwallt 'na? Enghraifft warthus o *Viking chic*.

– Dere mlân… cerdda'n araf gyda fi, meddai Carla'n chwyrn, a chymryd braich Paul a dechrau'i dywys tuag at gar oedd wedi'i barcio ar gyrion y sgwâr.

Ar hynny, gwelodd Paul ddyn yn loncian tuag ato yn llawn

pwrpas. Sylwodd ar unwaith mai Otto Grünwald oedd y lonciwr.

– Otto! gwaeddodd Paul yn uchel wrth i'r Almaenwr nesáu.

– Beth mae Otto Grünwald yn ei wneud fan hyn? gofynnodd, gan droi at Carla.

– Grünwald? O Paul! Dwyt ti ddim yn meddwl 'mod i'n mynd i lyncu celwydd fel 'na wyt ti? Dere mlân, atebodd Carla a thynnu ei dryll o'i phoced yn llechwraidd a chlosio at Paul.

Ond doedd yr Almaenwr ddim wedi adnabod Carla, na gweld y dryll oedd yn ei llaw, wrth iddo nesáu at ei darged, Herr Doctor Paul Price.

Doedd neb yn mynd i'w atal rhag dial ar y gwyddonydd oedd yn bennaf gyfrifol am ddinistrio ei yrfa. Gwthiodd yr Almaenwr cydnerth ei hun rhwng y dorf a gwthio Carla o'r neilltu. Cwympodd yr ysbïwr yn bendramwnwgl. Syrthiodd y dryll o'i llaw a llithro ar hyd y llawr rhwng coesau'r dorf, cyn dod i stop rhwng coesau Otto.

– Otto! gwaeddodd Paul unwaith eto ac aros yn ei unfan wrth i'r Almaenwr sefyll drosto.

– Rwy'i wedi aros pum mis i wneud hyn, Herr Doctor Paul Price, meddai Grünwald cyn taro Paul ar ei ên. Syrthiodd Paul i'r llawr a cheisio cael ei wynt ato. Agorodd ei lygaid. Gwelodd fod Carla'n dal i orwedd ar y llawr, yn dal ei phen, oedd wedi taro'r ddaear yn galed pan gwympodd hithau.

– Codwch, y falwoden. Ry'ch chi wedi dinistrio fy mywyd i… a nawr rwy'i am ddysgu gwers i chi, gwaeddodd Otto, gan ddal ei ddyrnau o'i flaen.

Erbyn hyn roedd y twrw wedi denu torf fach o bobl a fu'n gwylio'r act meim rhyw ddeg llath i ffwrdd.

– Pam ydych chi yma gyda Carla? gofynnodd Paul, yn

dechrau codi ar ei draed, a gweld o gornel ei lygad bod honno yn cropian tuag at y dryll wrth draed Otto.

Roedd Carla eisoes wedi codi ei phen ac adnabod y gwallgofddyn o Almaenwr oedd wedi cyd-deithio â Paul a hithau ar hyd llwybr Sir Benfro am gyfnod. Ond ei nod pennaf oedd cael gafael ar y dryll unwaith eto.

– Pwy? Frau Carla? Ble? gofynnodd Otto gan droi a chicio'r dryll rai llathenni i ffwrdd yn ddamweiniol, eiliad cyn i Carla lwyddo i gael gafael arno.

Sylweddolodd Paul yn sydyn fod presenoldeb Carla'n sioc i'r ddau ohonynt. Teimlodd ryddhad o ddeall nad oedd Carla yn disgwyl gweld Otto Grünwald yno. Ond rhewodd ei waed pan welodd ei bod hi wedi llwyddo i gropian rhwng coesau'r haid o bobl oedd wedi ymgynnull o'u hamgylch, a chodi'r dryll unwaith eto.

Erbyn hyn roedd nifer o bobl wedi cerdded draw o'r act meim i wylio'r anghydfod rhwng Otto a Paul.

– Sori, Otto. Mae'n flin gen i am hyn, meddai Paul, cyn cau ei lygaid a chicio'r Almaenwr yn ei fan gwan.

Gwingodd Otto mewn poen a phlygu i ddal ei bwrs. Ymosododd Paul arno, a neidio ar ei gefn a dal yn dynn yn strapiau ei lederhosen.

Dechreuodd nifer o bobl gymeradwyo ymdrechion y ddau.

– Mae hyn yn wych. Theatr stryd ar ei orau, meddai un o'r gynulleidfa wrth ei gyfaill.

– Cytuno'n llwyr... dehongliad arloesol o stori Faust a Meffistoffeles... ac mor realistig... mi allwn i dyngu mai gwaed go iawn sy'n rhedeg o drwyn yr un tal, meddai'r llall, wrth i Otto geisio cnoi clust Paul.

Sylweddolodd Carla fod ei chynllun i herwgipio Paul yn deilchion. Rhoddodd y dryll yn ôl yn ei phoced, codi ar ei thraed, a sleifio i ffwrdd i wylio'r ornest rhwng Paul ac Otto o bell yn y car gyda Tom.

Bu Paul a'r Almaenwr yn brwydro am eiliadau hir, yn gweiddi am help gan y gynulleidfa, oedd yn mwynhau'r perfformiad yn arw erbyn hyn.

– Go, Faust! gwaeddodd nifer o'r dorf, tra bod y gweddill am i Meffistoffeles ennill y dydd.

– Help! Polizei! Help! Polizei! gwaeddodd Paul pan welodd ddau heddwas yn cerdded ar hyd y sgwâr tuag ugain llath i ffwrdd. Aethant o'i olwg wrth i Otto lwyddo i roi dau fys yn ei ffroenau a cheisio tynnu pen Paul oddi ar ei ysgwyddau. Ymhen eiliadau roedd haid o blismyn wedi cyrraedd i wahanu'r ddau. Edrychodd Paul o'i amgylch yn wyllt a gweld bod Carla wedi diflannu. Ni welodd unrhyw olwg o Ute ychwaith. Mae'n rhaid ei bod wedi gadael y sgwâr pan welodd Paul ac Otto'n ymladd, meddyliodd.

Teimlai ryddhad mawr wrth iddo ef ac Otto gael eu harestio a'u tywys i geir yr heddlu gan dderbyn cymeradwyaeth wresog y dorf. Wrth i'r cerbyd ei gludo i'r orsaf heddlu agosaf, gwyddai Paul ei fod yn ddiogel, am y tro.

12.

Bu'r heddlu'n drylwyr iawn wrth ymchwilio i'r ymladd rhwng Otto Grünwald a Paul. Bu Paul yn eistedd mewn cell am awr yn meddwl yn ddwys am ei sefyllfa. A ddylai ofyn i'r heddlu gysylltu â'r BND? Teimlai ym mêr ei esgyrn na allai ymddiried yn Bond a Rhodri Tomos. Gwyddai mai dim ond Ute Fischer y gallai ymddiried ynddi. Yn ffodus roedd neges Ute wedi cynnwys cyfarwyddiadau i Paul ei chyfarfod mewn lleoliad arall petai rhywbeth yn digwydd i'w atal rhag cwrdd â hi yn Sgwâr Marienplatz. Roedd Paul wrthi'n pendroni sut i gyrraedd y lleoliad newydd pan agorodd drws y gell. Cafodd ei dywys gan heddwas at brif fynedfa'r orsaf, lle'r oedd sarsiant yn aros i rannu beth fyddai ei dynged.

– Ry'n ni wedi gwneud ymholiadau ac yn ôl llygad-dystion does dim dwywaith mai Herr Otto Grünwald a ymosododd arnoch chi, Herr Doctor Price, a'ch bod chi wedi gorfod amddiffyn eich hun. Felly ry'ch chi'n rhydd i fynd, meddai'r sarsiant yn Almaeneg.

– Ond mae'n rhaid imi ofyn a ydych chi am gyhuddo Otto Grünwald, ychwanegodd.

– Na. Dim o gwbl, meddai Paul. Trodd i wynebu Lotte Spengler, oedd newydd gyrraedd yr orsaf a chlywed y sgwrs rhwng Paul a'r sarsiant.

– Diolch, Herr Doctor Price... diolch yn fawr am eich caredigrwydd, meddai Lotte. Yn wahanol i'w phartner byrbwyll roedd Lotte'n fenyw fwyn, a fu'n gyfeillgar tuag at Paul bob amser.

– Dyw pethau ddim wedi bod yn rhwydd ers inni gyfarfod yn Sir Benfro. Ddim yn rhwydd o gwbl, Herr Doctor Price, ychwanegodd, yn esbonio fod Otto wedi defnyddio'i hawl i wneud un alwad ffôn yng ngorsaf yr heddlu i gysylltu â hi.

Gyda hynny, gwelsant Otto'n cael ei dywys o'i gell a'i ryddhau gan yr heddlu. Aeth Lotte draw ato a siarad gyda'i gŵr yn ddi-baid am ddwy funud. Amneidiodd hwnnw'i ben sawl tro a throi at Paul wedi i Lotte orffen ei haraith.

– Mae'n rhaid imi ymddiheuro am ymosod arnoch chi, Herr Doctor Price. Rwy'n gobeithio y gallwch chi faddau imi. Hefyd, hoffwn i ddiolch o galon ichi am ddewis peidio â fy erlyn, meddai gan foesymgrymu.

– Diolch, Otto, atebodd Paul. Mewn gwirionedd, teimlai'n

rhannol gyfrifol am anffawd Otto a Lotte yn sgil y dryswch yn Rosslare. – Hoffwn gael y cyfle i esbonio popeth a ddigwyddodd yn Sir Benfro, ychwanegodd cyn troi at y sarsiant, oedd wedi codi'i aeliau pan welodd Paul ac Otto'n siglo llaw.

– Oes 'na fynediad arall i'r orsaf? gofynnodd Paul.

– Pam y'ch chi'n gofyn?

– Rwy'n actor... sy'n gwneud ffilm yn Munich ar hyn o bryd. Rwy'n poeni y bydd y *paparazzi* tu allan a dwi am eu hosgoi... os yn bosib, sibrydodd Paul gan roi 100 ewro'n slei yn nwylo'r sarsiant.

– Fel arfer mi fydden i'n gwrthod cais o'r fath, ond gan fod y ddau ohonoch chi'n amlwg wedi setlo'ch anghydfod, mi gytuna i'r tro hwn, meddai'r sarsiant, yn closio at Paul.

– Mi wnes i'r un peth i Elton John a'i wraig Renata flynyddoedd yn ôl... dilynwch fi, sibrydodd, cyn tywys Paul, Otto a Lotte at fynedfa yng nghefn yr adeilad. Wrth iddo ddychwelyd i'r swyddfa yn cyfri'r arian, dywedodd dan ei wynt,

– Ac mi dalodd Elton dipyn yn llai am fy help i 'fyd... yr hen gybydd.

Cerddodd Paul, Otto a Lotte yn bwyllog o fynedfa gefn yr orsaf, ar ôl gwneud yn siŵr nad oedd Tom a Carla yn aros amdanynt.

– Oes rhywle arall y gallwn ni fynd iddo heblaw am eich fflat chi? gofynnodd Paul, wrth i'r tri ddechrau cerdded i ffwrdd yn gyflym.

– Pam y'ch chi'n gofyn? gofynnodd Lotte.

– Rwy'n credu bod Carla'n ceisio fy lladd i... ac mae hi wedi gweld Otto'n ymosod arna i. Mi fydd hi'n gwybod ble ry'ch chi'n byw erbyn hyn, ac yn mynd yno cyn gynted ag y daw hi i wybod ein bod wedi gadael yr orsaf gyda'n gilydd, atebodd Paul, gan edrych i fyny ac i lawr y ffordd.

– Oes. Mae 'na rywle y gallwn ni fynd. Gymerwn ni dacsi yno, Herr Doctor Price... dilynwch fi, meddai Otto.

Penderfynodd Paul edrych ar ei ffôn symudol tra roedd dal yng nghyffiniau gorsaf yr heddlu. Ailosododd y batri a gwasgu'r botwm priodol.

Gwelodd ei fod wedi derbyn dros ugain neges neu alwad ffôn gan Llinos. Gwelodd hefyd fod un neges wedi cyrraedd oddi wrth Ute Fischer. Darllenodd y neges honno.

– Ble'r oeddet ti? Plan P amdani!

Gwenodd Paul gan deipio'r gair OK, a'i anfon yn ôl at Ute gan gofio tynnu'r batri allan o'r ffôn cyn gadael maes parcio'r orsaf heddlu.

13.

Treuliodd Rhodri a Llinos awr yn cerdded o amgylch canol dinas Munich yn chwilio am Paul heb unrhyw lwc.

– Wyt ti'n meddwl ei fod wedi cael ei herwgipio? gofynnodd Llinos yn benisel gan eistedd ar fainc yng nghanol Sgwâr Marienplatz tua hanner awr ar ôl i Paul gael ei arestio yn yr un lleoliad.

– Dwi ddim yn gwybod, Llinos. Rwy wedi hysbysu'r BND, ac rwy'i wedi cysylltu â'r heddlu'n uniongyrchol, sy'n golygu mai dim ond fi sy'n gyfrifol am dy ddiogelwch. Does dim y gallwn ni ei wneud ond aros nes inni glywed gan Paul, atebodd Rhodri, yn eistedd yn ymyl Llinos a gwenu arni'n serchog.

– Mi ddwedodd y bardd Heinrich Heine fod Munich yn nythu rhwng celf a chwrw, fel pentref rhwng dau fryn, ychwanegodd, i geisio mynd â meddwl Llinos oddi ar ei phryderon. – Felly pa fryn ddringwn ni heddiw?

– Dwi ddim am yfed. Beth wyt ti'n awgrymu? atebodd Llinos, yn edrych ar wyneb caredig Rhodri.

– Mae oriel yr Alte Pinakothek fan draw. Mae 'na gasgliad enfawr o glasuron y byd celf yno, gan gynnwys Botticelli, Titian, El Greco a Raphael. Mae'r lle'n falm i enaid clwyfus, meddai Rhodri.

Yna canodd ei ffôn. Cafodd wybod bod y ddau heddwas cudd a ddilynodd Paul o'r gwesty wedi dioddef ymosodiadau ffyrnig yn un o'r strydoedd cul ger y Marienplatz. O ganlyniad doedd dim syniad gan y BND ble roedd Paul.

– Na… does dim rhaid ichi gysylltu â'r heddlu. Dwi eisoes wedi cysylltu â nhw'n uniongyrchol a gofyn iddyn nhw chwilio am Dr Price, meddai Rhodri, cyn diffodd y ffôn a throi at Llinos a gwenu.

– Dim newyddion am Paul. Awn ni i'r Oriel? Mae gennyn ni bedair awr tan iddi gau.

Treuliodd Rhodri'r prynhawn yn ceisio diddanu Llinos â'i wybodaeth eang o gelf, yn yr Alte Pinakothek. Llwyddodd yn rhyfeddol. Ymgollodd Llinos yn llwyr yn y lluniau a welodd, wrth i Rhodri esbonio nodweddion a hanes y darnau gwahanol.

Er iddi gael ei chyfareddu gan ddarluniau'r meistri, gwaith nodweddiadol o eiddo Hieronymus Bosch a greodd yr argraff fwyaf ar Llinos. Roedd y portread o ddiwedd y byd yn y darn o'r triptych Y Farn Fawr ymysg y lluniau mwyaf trawiadol a welodd hi erioed.

Cofiodd iddi gwrdd â Paul am y tro cyntaf yn ystod lansiad arddangosfa gelf yn Aberystwyth. Doedd gan Paul fawr o ddiddordeb mewn celf ond roedd Rhodri, ar y llaw arall, yn hynod wybodus yn y maes.

– Dyma ni. Un o fy hoff weithiau yn yr oriel... Fwlcan yn dal Mawrth a Fenws gan Tintoretto... un o feistri'r unfed ganrif ar bymtheg. Syllai Rhodri ar y llun o ŵr Fenws yn ei dal hi a'r Duw Mawrth yn ymgodymu.

– Anhygoel, ychwanegodd ar ôl iddo astudio'r llun am rai eiliadau.

– Beth?

– Ti ddim yn meddwl bod Fenws yn syndod o debyg i Ute Fischer? gofynnodd Rhodri gan gadw'i lygaid ar y cynfas o'i flaen.

– Dwi ddim yn gwybod. Dwi ddim wedi'i gweld hi'n noeth, atebodd Llinos yn swta.

– Ti'n iawn, Llinos. Dy'n *ni*... ddim wedi'i gweld hi'n noeth, meddai Rhodri a cherdded ymlaen i ddadansoddi llun o'r swper olaf gan Giotto.

Arhosodd Llinos yn ei hunfan i ystyried sylw Rhodri. Beth oedd y berthynas rhwng Paul ac Ute Fischer? A oedd yn dweud y gwir mai perthynas broffesiynol yn unig oedd hi? A ble oedd Paul? Pam nad oedd wedi cysylltu â hi? Teimlai genfigen yn ei chnoi wrth iddi ddechrau amau fod ganddo fwy o feddwl o Ute na hi.

Roedd hi'n tynnu at chwech o'r gloch erbyn i Rhodri a Llinos ddychwelyd i gyntedd yr oriel unwaith eto.

– Diolch am brynhawn hyfryd, meddai Llinos a oedd, mewn gwirionedd, wedi treulio'r amser yn fflyrtio â'r ysbïwr ifanc. Roedd Rhodri wedi bod mor ystyriol ohoni.

– Dwi a Paul byth yn neud unrhyw beth fel hyn. Mae e wastad yn rhy brysur, ychwanegodd heb feddwl.

– Prysur yn neud beth? gofynnodd Rhodri.

– Mae wedi treulio'r rhan fwya o'r wythnosau diwetha yn yr ystafell wely'n gweithio ar ei obsesiwn diweddara, atebodd

Llinos, heb ychwanegu ei bod yn cyfeirio at waith adolygu Paul ar gyfer ei asesiad trin gwallt.

– Diddorol. Diddorol iawn, meddyliodd Rhodri gan benderfynu peidio â phwyso am fwy o wybodaeth am y tro.

Canodd ffôn Llinos a gwelodd mai Paul oedd yn galw.

– Ble wyt ti? gofynnodd yn ddiamynedd ar ôl ateb.

– Dwi'n iawn… diolch am ofyn, atebodd Paul yn swta.

– Dwi wedi bod yn swyddfa'r heddlu ond dwi'n rhydd nawr… ac yn ddiogel. Dwi wedi cael gwybodaeth am leoliad Ute Fischer. Gwranda'n ofalus, ychwanegodd, yn gofyn i Llinos ei gyfarfod ar blatfform yng ngorsaf drenau Hauptbahnhof yng nghanol y ddinas am ddeg o'r gloch y noson honno.

– Platfform tri… y trên nos i Baris… iawn, ailadroddodd Llinos.

– 'Na ni. Ond paid â dweud gair wrth Rhodri. Dwi ddim yn ei drystio fe.

– Mae Rhodri fan hyn, meddai Llinos, a chlywodd Paul yn griddfan y pen arall i'r ffôn.

– Wel… mi fydd yn rhaid iddo fe ddod hefyd… nawr dy fod ti wedi dweud fy nghynlluniau wrtho fe, y dorth. Mae'n rhaid imi fynd. Mae gen i nifer o bethau i'w gwneud.

Daeth Paul â'r alwad i ben yn sydyn cyn i Llinos gael cyfle i'w geryddu am ei galw'n dorth. Ond roedd Paul yn gwenu y pen arall i'r ffôn. Tybiai fod rhan gyntaf ei gynllun wedi gweithio i'r dim.

Trodd Llinos at Rhodri a gwenu arno. Ond roedd rhywbeth a ddwedodd Paul wrthi'n ei phoeni.

– Ydy Paul yn ddiogel? gofynnodd Rhodri.

– Ydy, atebodd Llinos, gan ailadrodd cyfarwyddiadau Paul, a dewis peidio â dweud wrth Rhodri fod Paul newydd gael ei ryddhau o orsaf yr heddlu.

– Mae'n bron yn chwech nawr. Mae gennon ni bedair awr nes y byddwn ni'n cwrdd â Paul. Rwy'n gwybod am fwyty hyfryd ar stryd ger Max-Joseph-Platz, awgrymodd Rhodri.

– Hyfryd iawn, atebodd Llinos wrth weld bod siop yr amgueddfa yn dal ar agor. – Ond hoffwn i brynu rhywbeth i'm hatgoffa o'n prynhawn gyda'n gilydd... Rod, ychwanegodd yn gyflym, a chamu tuag at y siop.

Gwyliodd Rhodri Llinos yn diflannu o'i olwg cyn tynnu ei ffôn symudol o'i boced.

14.

Bu Tom a Carla yn y BMW y tu allan i orsaf yr heddlu am dros awr yn aros i Paul ymddangos yn gynharach y prynhawn hwnnw. Eisteddai'r ddau mewn tawelwch am gyfnod wrth i Tom sugno ar switsen tra bod Carla'n chwarae â'i ffôn.

– Dwi'n casáu'r rhan yma o'r gwaith... yr aros, meddai Tom wrth danio radio'r car a dewis gorsaf oedd yn chwarae cerddoriaeth glasurol.

– Ti'n dweud hynny bob tro ry'n ni ar wyliadwraeth. Edrychodd Carla yn sur ar Tom wrth i sain seithfed symffoni Shostakovich lenwi'r cerbyd.

– Ac rwyt ti'n dweud beth rwyt ti newydd ei ddweud bob tro dwi'n dweud 'mod i'n casáu'r aros, meddai Tom. Caeodd ei lygaid a mwynhau'r gerddoriaeth.

Cododd Carla ei phen o'i ffôn symudol a gweld bod Tom wedi gwthio'r bag o fferins o dan ei thrwyn. – Dim diolch. Syllodd ar ei chyd-ysbïwr. Dechreuodd hwnnw sugno switsen arall cyn dweud,

– Mi wela i gyda'm llygad bach i rywbeth sy'n dechrau gyda...

– O. Na. Dim hwn eto, bloeddiodd Carla.

– O'r gorau… beth am *Guess Who*?

– Pam fod yn rhaid i chi Saeson chwarae gemau fel *Guess Who* ac *I Spy* i lenwi amser? Pam na allwch chi eistedd yn dawel?

– Rwyt ti'n Saesnes.

– Hanner Saesnes a hanner Rwsiad, atebodd Carla fel chwip.

Trodd Tom ati a gwenu.

– Ti'n grac am iti fethu â dyfalu enw Bagpuss wythnos diwetha, meddai.

– Chefais i mo 'ngeni tan yr wythdegau… yn Minsk. Sut o'n i fod i ddyfalu enw cymeriad rhaglen blant o'r 1970au ym Mhrydain? atebodd Carla a syllu'n chwyrn ar Tom. Bu tawelwch rhwng y ddau am rai eiliadau.

– Ti'n edrych yn flinedig, ychwanegodd, gan astudio wyneb y dyn y bu'n gweithio'n agos ag ef dros y deunaw mis diwethaf. Sylweddolodd eu bod yn ymddwyn yn debycach i hen bâr priod nag ysbiwyr peryglus erbyn hyn.

– Falle ddylet ti ofyn am amser bant ar ôl inni gau pen y mwdwl ar y busnes 'ma, awgrymodd. Syllodd unwaith eto ar Tom. Edrychai fel petai pwysau'r byd ar ei ysgwyddau. Serch hynny roedd ei lygaid glas llachar yn llawn deallusrwydd.

– Dyw pobl fel ni ddim yn cael amser bant. Y gwaith yw ein bywyd, meddai Tom.

– Mae rhai ohonon ni'n byw ar gyfer achos, atebodd Carla. – Dwi'n credu yn Putin a beth mae'n ceisio'i wneud i adfer grym Mam Rwsia.

– Felly rwyt ti'n wladgarwr, awgrymodd Tom, a sugno'r darn olaf o'r switsen.

– Dyna'r gwahaniaeth rhwng Rwsia a Lloegr. Mae Rwsiaid yn caru eu gwlad… ond gwladgarwch Saeson yw casáu pobl estron.

Amneidiodd Tom ei ben.

– A dy'n ni ddim yn credu mewn unrhyw beth arall, rhagor.

– Ai dyna pam roedd hi mor rhwydd i ti fradychu dy wlad?

– Hynny... yr arian... a'r cyfle i ddial ar y ffyliaid sydd wedi strywio Prydain... hir oes i'r unbeniaid, gorffennodd Tom gan edrych ar ei wats.

Bu tawelwch rhwng y ddau am bum munud wrth iddyn nhw wrando ar ddiwedd y simffoni.

– Wyt ti'n siŵr mai hon yw'r unig fynedfa i'r orsaf? gofynnodd Tom.

– Ydw... heblaw am fynedfa breifat yr heddlu yn y cefn.

– Gobeithio dy fod ti'n iawn. Mae'n rhaid inni gael gafael ar Price cyn iddo gwrdd â Fischer. A beth yw'r cysylltiad rhyngddo ef ac Otto Grünwald? Ydy Grünwald yn gweithio gyda Price? Ydy Grünwald yn gweithio i'r BND?

– Rwy'n weddol sicr mai cyd-ddigwyddiad yw'r cyfan. Does dim cysylltiad rhwng Grünwald a'i bartner a'r gwasanaethau cudd... ond mae Llinos Burns yn fenyw gyfrwys iawn. Falle'i bod hi wedi darbwyllo Price i gysylltu â'r ddau heb yn wybod i ni, meddai Carla.

– Mae hefyd yn bosib bod yr MI5 wedi gofyn i Grünwald a Spengler weithio iddyn nhw tra ro'n nhw yn y carchar yn Iwerddon. Mae llywodraethau Iwerddon a Phrydain wedi closio'n arw yn ystod y blynyddoedd diwethaf, awgrymodd Tom. – Rwy'n credu ei bod hi'n bryd inni gael gwybod beth sy'n digwydd yn yr orsaf 'na.

Ychydig funudau'n ddiweddarach camodd Carla i mewn i orsaf yr heddlu a dangos ei phas BND ffug.

Dywedodd y sarsiant fod Otto Grünwald a Herr Doctor Price wedi gadael yr orsaf tua hanner awr ynghynt, a chyfaddef iddyn nhw adael trwy'r fynedfa gefn.

Ceryddodd Carla'r sarsiant cyn rhuthro yn ôl i'r car a gweld bod Tom yn sgwrsio ar y ffôn.

– Gwych. Diolch yn fawr. Diffoddodd ef ei ffôn.

– Maen nhw wedi dianc, diolch i ffŵl o blismon, meddai Carla'n ffyrnig wrth gamu i mewn i'r car.

– Well inni droi at ein cynllun wrth gefn felly. Taniodd Tom injan y cerbyd.

15.

Yn ddiweddarach y prynhawn hwnnw eisteddai Paul, Otto a Lotte yn lolfa'r ddau aelod arall o'r band Wmpa, Florian a Greta Vogts. Roedd eu cartref mewn ardal lewyrchus yng nghanol y ddinas, nepell o orsaf drenau Hauptbahnhof.

– Dwi wedi bod yn ffrindiau â Florian a Greta ers ein dyddiau coleg, meddai Lotte wrth i Greta ddod i'r ystafell yn cario pum cwpanaid o goffi ar hambwrdd. Roedd hi'n fenyw dal, lond ei chroen gyda gwallt hir melyn wedi'i glymu'n ôl. Meddyliodd Paul ei bod yn edrych fel Almaenes nodweddiadol, yn bennaf, efallai am ei bod hi'n dal i wisgo'r dirndl oedd amdani yn ystod perfformiad y band Wmpa y diwrnod hwnnw.

– Maen nhw wedi bod yn garedig iawn ers inni golli'n gwaith ym Mhrifysgol Fienna, gan roi to uwch ein pennau nes inni symud i'n fflat ein hunain yr wythnos ddiwethaf, ychwanegodd Otto, yn derbyn cwpanaid o goffi o ddwylo Greta.

– Heb sôn am roi'r cyfle inni ennill ychydig o arian gyda'r band Wmpa yn ystod yr Oktoberfest, ategodd Lotte.

Cymerodd Paul ei gwpanaid a diolch i Greta. Cerddodd Florian i mewn i'r ystafell. Roedd yntau, fel Otto, yn gwisgo Lederhosen. Ond yn wahanol i'w ffrind tal, sythgefn, penfoel, roedd Florian yn ddyn byr, tew â llond pen o wallt a mwstásh llaes a wnâi iddo ymdebygu i walrws cyfeillgar, meddyliodd Paul.

– Rwy'i wedi gadael yr offerynnau yn y stiwdio, Otto, meddai Florian gan gymryd y cwpanaid olaf o goffi ac eistedd ger ei wraig ar soffa fechan. Tynnodd ei het ffelt Dyroleaidd oddi ar ei ben a'i gosod ar ei fol sylweddol, cyn rhoi ei fraich am ysgwydd ei wraig.

– Oes gennych chi'ch stiwdio eich hun? gofynnodd Paul.

– Oes... mae'n angenrheidiol ar gyfer ein gwaith. Anwesodd Florian ei fwstásh ysblennydd. – Mae'r ddau ohonon ni'n rhedeg busnes ar y cyd. Ry'n ni'n ysgrifennu cerddoriaeth ar gyfer rhaglenni teledu a hysbysebion. Rhaglenni plant yn bennaf, fel *Bib und Bob*... a *das Chucklebrüder*. Ond ry'n ni wedi chwarae cerddoriaeth Wmpa o amgylch strydoedd y ddinas yn ystod yr Oktoberfest ers ein dyddiau coleg. Mae'n draddodiad blynyddol erbyn hyn.

Bu ennyd o dawelwch cyn i Lotte droi at Paul – Dwi'n deall y rhesymau am beth ddigwyddodd yn Sir Benfro nawr, Herr Doctor Price, ond pam dod i München?

– Alla i ddim dweud popeth wrthoch chi... yn bennaf er mwyn eich diogelu. Ond mae'n rhaid imi ddod o hyd i wyddonydd o'r enw Ute Fischer. Mi dderbyniais neges ganddi'r bore 'ma'n gofyn imi gwrdd â hi yn sgwâr Marienplatz, meddai Paul.

– Ond mi strywiodd Otto'r cyfarfod drwy ymosod arnoch chi, Herr Doctor Paul, awgrymodd Lotte.

– Do... ond mae'n bosib iddo achub fy mywyd oherwydd roedd Carla ar fin fy herwgipio. Roedd neges Ute yn cynnwys cyfarwyddyd arall... yn gofyn imi gwrdd â hi mewn lleoliad arall petai pethau'n mynd o chwith yn y Marienplatz. Alla i ddim dweud ble wrthoch chi, heblaw fod Ute wedi gadael yr Almaen erbyn hyn.

– Sut fyddwch chi'n teithio i'r wlad honno? gofynnodd Lotte.

– Trên. Mae hi'n dal yn Ewrop.

– Pam na ewch chi ar yr Autobahn os yw hi wedi ffoi i wlad arall? Beth am rentu car? Neu hyd yn oed fenthyg ein car ni?, awgrymodd Florian.

– Dwi'n ofni y bydden i'n cael damwain, fel ddigwyddodd i wyddonydd arall yn Nyffryn Silicon yn ddiweddar. Mae'r trên yn saffach. Ond mae'n rhaid imi gael gwared â'r asiant MI5 sy'n ein gwarchod ni cyn hynny… a dwi wedi cael syniad sut i wneud hynny. Ond mi fydda i angen help y pedwar ohonoch chi.

– Wrth gwrs, atebodd Otto ar unwaith. Amneidiodd Lotte, Florian a Greta eu pennau.

– Ond cyn ichi gytuno mae'n rhaid imi'ch rhybuddio y gallai'r fenter hon fod yn beryglus iawn.

Edrychodd Otto a Lotte ar ei gilydd, yn gwybod y byddai antur o'r fath yn rhoi'r un wefr iddyn nhw â'u cynllun i fewnforio wyau prin i Iwerddon.

– Byddai'n fraint eich helpu chi, Herr Doctor Paul, meddai Otto yn codi a siglo llaw Paul yn frwd.

Edrychodd Paul ar Florian a Greta.

– Ry'n ni newydd ennill comisiwn i ysgrifennu'r gerddoriaeth ar gyfer cyfres antur ar sianel deledu Bayerischer Rundfunk, meddai Florian.

– *Das Killers,* ychwanegodd Greta.

– Falle byddai eich helpu chi yn ysbrydoliaeth i ni, meddai Florian.

Tynnodd Paul ei ffôn symudol o'i boced.

– Florian… Greta… sgwn i a ga i ddefnyddio'ch stiwdio am hanner awr os gwelwch yn dda?

16.

Eisteddai Llinos a Rhodri gyferbyn â'i gilydd ym mwyty'r *Schweinkeller* yng nghanol y ddinas am saith o'r gloch y noson honno.

– Mi brynaist ti eitem ddiddorol yn siop yr oriel, meddai Rhodri gan gyfeirio at y cerflun pwysau papur o ben Hieronymus Bosch a syllai'n sarrug arno o'i eisteddle ar y bwrdd.

– Rwy'n gwybod ei fod yn hyll, Rod, ond ro'n i wedi dwli ar waith Bosch ac ro'n i'n meddwl y byddai'r penddelw'n f'atgoffa i o'r Farn Fawr a'n prynhawn ni gyda'n gilydd, meddai Llinos gyda gwên.

– Digon teg. Be ti'n ffansïo? Estynnodd Rhodri y fwydlen i Llinos.

– Hmmm… mae *Züngerl* yn swnio'n ddiddorol. Beth yw hwnnw?

– Tafod mochyn.

– O. Falle ddim, 'te. Beth am *Schweinshaxe*?

– … y pigwrn.

– Gei di ddewis dwi'n credu, awgrymodd Llinos.

Treuliodd Llinos yr awr a hanner nesaf yn diddanu Rhodri â hanes ei hanturiaethau yn Sir Benfro, tra'n bwyta llond plât o *weisswurst*, *sauerkraut* a *Süsser Senf*.

Wrth iddi ddechrau ar ei *Schwarzwälder Kirschtorte*, disgrifiodd y modd y trechodd hi Carla drwy wasgaru tun o laeth powdwr yn yr awyr a chynnau matsien, gan achosi i'r fflam ledu ar draws y landin a llosgi gwallt ac aeliau'r ysbiwraig.

– Roedd ei gwallt yn sefyll i fyny fel cymeriad cartŵn ar ôl ffrwydrad, fel Jedward, chwarddodd.

– … neu fersiwn blond Ken Dodd. Gorffennodd Rhodri ei ail botel o gwrw.

– Yn hollol, meddai Llinos wrth iddi ailgofio'r achlysur.

– … yn hollol, ychwanegodd yn dawel iddi hi'i hun cyn edrych ar ei hwatsh.

– Rhodri! Mae'n hanner awr wedi wyth. Well inni ddechrau am yr orsaf. Bwytodd ei chacen yn frysiog, gan feddwl am rywbeth arall oedd yn ei phoeni.

Camodd y ddau allan o'r bwyty, wedi'i leoli ar stryd fechan hanner canllath i ffwrdd o'r brif stryd, yn bwriadu dal tacsi i'r orsaf drenau. Wrth iddynt gerdded ni sylwodd yr un ohonyn nhw ar rywun yn sefyll ym mhorth un o'r siopau oedd wedi hen gau am y noson. Eiliad yn ddiweddarach synhwyrodd Llinos fod rhywun y tu ôl iddyn nhw a throdd i weld Carla'n taro cefn pen Rhodri â bôn ei dryll. Syrthiodd Rhodri'n anymwybodol i'r llawr wrth i'r ysbïwraig roi un llaw dros geg Llinos a thynnu'i braich chwith y tu ôl iddi. Yn sydyn, daeth car ar wib i fyny'r stryd ac aros ger y ddwy. Cafodd Llinos gipolwg ar Tom yn y sedd flaen wrth i Carla agor un o ddrysau cefn y car a dechrau gwthio Llinos i mewn â'i llaw rydd. Gwnaeth Llinos ei gorau glas i dynnu'r cerflun pwysau papur o boced ei chot wrth i'w gelyn straffaglu i geisio'i chael hi i mewn i sedd gefn y BMW, ond ofer fu ei hymdrechion.

Yn sydyn clywodd Llinos ddau ergyd gwn. Caeodd ei llygaid, yna eu hagor yn araf wrth i fraich chwith Carla golli gafael ar ei braich hi. Trodd a gweld yr ysbïwraig yn dal ei braich dde waedlyd, ac yn hyrddio'i hun i mewn i'r car.

– Gyrra! Gyrra! gwaeddodd Carla, gan wingo mewn poen a

dal ei braich friwedig. Hedfanodd y car i fyny'r stryd a diflannu i dywyllwch y nos.

Trodd Llinos a gweld bod Rhodri newydd godi o'r llawr, y dryll oedd newydd saethu Carla yn ei law. Cofleidiodd ef. – Mi achubaist ti fy mywyd. Wyt ti'n iawn? gofynnodd.

– Ydw diolch, atebodd Rhodri a rhwbio cefn ei ben. – O leia ry'n ni'n gwybod bod Paul dal yn rhydd neu fydden nhw ddim wedi ceisio dy herwgipio di. Tynnodd ei ffôn symudol o'i boced a dechrau deialu.

– Pwy wyt ti'n ffonio?

– y BND. Fy mai i yw hyn. Ddylwn i fod wedi gofyn am fwy o gymorth i dy warchod di.

– Na. Paid. Mi ddwedodd Paul mai dim ond ni oedd i fynd i'r orsaf. Mae'n rhaid iti ymddiried ynddo, meddai Llinos. – Wedi'r cyfan dyw Carla a Tom ddim yn debygol o'n poeni ni yn yr orsaf drenau. Roedd y clwyf yn ei braich yn edrych yn un gwael, ychwanegodd, wrth i Rhodri ddiffodd y ffôn.

– O'r gorau. Ond mae'n bryd iti fod yn onest 'da fi. Wyt ti'n siŵr nad oedd Paul yn gweithio ar y cynllun drôn yn Ballybunion?

– Hollol siŵr.

– Ond mi ddwedest ti ei fod wedi treulio dipyn o amser ar y cyfrifiadur.

– Do, yn adolygu ar gyfer ei arholiad NVQ trin gwallt, chwarddodd Llinos. – Mae Paul yn dweud popeth wrtha i…

– Popeth?

– Wrth gwrs, dechreuodd Llinos, cyn sylweddoli nad oedd hi'n gwybod beth oedd gwir natur perthynas Paul ac Ute Fischer. – Na, alla i ddim bod yn hollol siŵr beth oedd e'n neud ar y cyfrifiadur, meddai'n dawel.

Amneidiodd Rhodri ei ben wrth i'r ddau gyrraedd y brif

stryd a dechrau chwilio am dacsi. Dim ond pan oedden nhw'n eistedd mewn tawelwch yng nghefn y cerbyd ddwy funud yn ddiweddarach y dechreuodd Llinos ystyried pam fod Rhodri wedi gofyn y cwestiynau hynny am Paul.

17.

Cyrhaeddodd Llinos a Rhodri orsaf drenau München Hauptbahnhof am hanner awr wedi naw ar ei ben. Roedd y lle'n orlawn am fod cannoedd o bobl newydd gyrraedd o bob cwr o Ewrop i fynychu'r Oktoberfest. Symudodd y ddau'n araf ymysg y Sbaenwyr, y Saeson, y Ffrancwyr a'r Almaenwyr oedd yn gweiddi a dadlau wrth geisio archebu tacsis i'w cludo i'w gwestai.

Gwelsant Paul yn sefyll ger y trên oedd yn gadael platfform tri am Baris ugain munud yn ddiweddarach. Roedd e'n gwisgo het pêl-fas â bathodyn tîm pêl-droed Bayern Munich ar ei blaen.

Yn gyflym, disgrifiodd Llinos a Rhodri yr ymgais gan Carla a Tom i herwgipio Llinos hanner awr ynghynt. Ni ddywedodd Paul air wrthynt, dim ond camu ar y trên a gwneud arwydd arnynt i'w ddilyn. Ddwy funud yn ddiweddarach eisteddai'r tri mewn *couchette* chwe sedd.

Rhoddodd Paul docyn teithio yr un i Rhodri a Llinos.

– Archebais i docyn ar gyfer pob un o'r seddi yn y cerbyd 'ma, fel na fydd unrhyw un arall yn ymuno â ni yn ystod y daith, meddai, a rhoi het pêl-fas Bayern Munich yr un iddyn nhw.

– Gwisgwch rhain a thynnwch nhw i lawr dros eich talcen rhag ofn i rywun gerdded heibio'r cerbyd, meddai.

– Cyfrwys iawn, meddai Rhodri'n ddilornus, gan wisgo'i het.

– Pryd fyddwn ni'n cyrraedd Paris? gofynnodd Llinos.

– Mi fyddwn ni'n cyrraedd Gare du Nord am ddeng munud wedi wyth bore fory, atebodd Paul, cyn amlinellu cynnwys y neges a dderbyniodd wrth Ute Fischer yn angladd Gerd Maier y bore hwnnw.

– A beth fydd yn digwydd wedyn? gofynnodd Rhodri.

– Rwy'i fod i gwrdd ag Ute yn Place de la Concorde am hanner dydd, atebodd Paul. Esboniodd mai'r bwriad gwreiddiol oedd iddo gwrdd ag Ute Fischer yn y Marienplatz, nes iddo sylwi fod Carla'n ei ddilyn. Ni ddywedodd air am ymosodiad Otto Grünwald.

Cododd Rhodri.

– Well imi wneud yn siŵr nad oes neb wedi'ch dilyn chi, meddai. Gadawodd y *couchette* a chamu ar hyd y coridor. Tynnodd ei ffôn o'i boced a dechrau deialu rhif ei uwch swyddog.

Cyn gynted ag y gadawodd Rhodri'r cerbyd, tynnodd Paul nodiadur o'i boced ac ysgrifennu arno'n gyflym a'i roi i Llinos. Darllenodd honno'r neges heb yngan gair, amneidio'i phen ac ysgrifennu un arall dan yr un wreiddiol a rhoi'r nodiadur yn ôl i Paul. Amneidiodd hwnnw'i ben cyn edrych ar ei watsh wrth i Rhodri ddychwelyd.

– Dwi ddim yn credu ichi gael eich dilyn, Dr Price. Mi fydd y trên yn gadael mewn pum munud. Mi edrycha i yn y cerbydau eraill unwaith eto cyn gynted ag y bydd yn gadael yr orsaf.

– Beth fuoch chi'ch dau'n neud trwy'r dydd? gofynnodd Paul.

Atebodd Llinos, gan glodfori Rhodri am ei wybodaeth am gelf, bwyd a diod, a cheryddu Paul am fod mor anwar. Trodd Paul ati'n wyllt.

– Pam na wnei di aros yn München 'da fe, 'te? Mae'n amlwg

bod yn well gen ti fod yng nghwmni Rod na dod gyda mi i chwilio am Ute Fischer, taranodd.

– Dwi ddim yn credu bod hynny'n deg, ymyrrodd Rhodri.

– Cau dy geg... mae hyn rhyngdda i a hi, rhythodd Paul ar Llinos. Dwi'n credu ddylen ni drafod hyn yn breifat, meddai'n chwyrn a chodi o'i sedd.

– Cytuno'n llwyr, atebodd Llinos, yn codi ac agor drws y cerbyd.

– Na. Dwi ddim i fod i'ch gadael chi o'm golwg, meddai Rhodri.

– Mi fyddwn ni yn y coridor lle gallwch chi'n gweld ni drwy'r amser. Gwthiodd Paul ei gymar allan o'r drws a'i dilyn i goridor y trên.

Bu Rhodri'n gwylio Paul a Llinos yn dadlau'n ffyrnig â'u cefnau ato am ychydig, cyn iddo gilagor drws y cerbyd i wrando ar y drafodaeth danbaid.

– Mae'n amlwg dy fod ti'n meddwl mwy ohono ef na fi, Llinos, taranodd Paul.

– Gwranda arna i, Paul. Rwy'n dy garu di.

– Wel nid fel'na mae'n edrych i fi ar hyn o bryd...

Tra bod Rhodri wrthi'n gwylio ac yn gwrando ar y ddau'n dadlau, ymddangosodd dyn a menyw yn cludo bagiau anferth wrth ddrws y *couchette*. Syllodd y ddau i mewn i'r caban, oedd yn wag heblaw am bresenoldeb Rhodri, cyn edrych ar ei gilydd ac amneidio'u pennau. Agorodd y dyn y drws, a dechreuodd y ddau wthio heibio i Rhodri gan lusgo'r cesys anferth y tu ôl iddynt. Gofynnodd y dyn yn Almaeneg a oedd unrhyw seddi'n rhydd yn y cerbyd.

– *Nein,* atebodd Rhodri yn esbonio bod pob sedd wedi'u harchebu.

Ymddiheurodd y cwpwl gan gamu'n drwsgl o'r cerbyd a

cherdded i lawr y coridor. Gwelodd Rhodri fod Paul a Llinos yn dal i ddadlau.

– Mae ein dyfodol yn dy ddwylo di.

– Na. Mae ein dyfodol yn dy ddwylo di.

Dechreuodd y trên adael yr orsaf.

Roedd Paul yn dal i daranu, gyda Llinos yn ymateb bob hyn a hyn.

– Bydd popeth yn iawn… os wnei di'r cyfan dwi'n dweud, meddai Llinos.

– Dwi ddim yn siŵr…

– Dy ddewis di yw e…

– Falle ddylwn i dy ryddhau di…

– Fy rhyddhau i…?

– Ie… gadael iti fod gyda Rhodri…

– Dwi'n dy garu di. Bydd popeth yn iawn.

– Fydd e?

– Gwranda'n astud arna i. Dy ddewis di yw e.

Wrth i'r ddadl fynd yn ei blaen, dechreuodd Rhodri sylwi fod Llinos yn dweud 'dy ddewis di yw e', 'gwranda'n astud arna i' a 'dwi'n dy garu di,' yn aml. Penderfynodd fod Llinos wedi dioddef digon. Cododd o'i sedd cyn mynd i lawr y coridor a rhoi ei law ar ysgwydd Paul.

– Rwy'n credu dy fod ti wedi gwneud dy bwynt… meddai wrth i'r gwyddonydd droi i'w wynebu.

Ond cafodd yr ysbïwr fraw pan welodd mai dyn diarth oedd yno. Otto Grünwald

Trodd i edrych ar Llinos. Ond menyw ddiarth oedd yno. Lotte Spengler.

Edrychodd Rhodri i lawr a gweld ei bod yn dal chwaraeydd CD. Cyn iddo gael cyfle i ymateb, roedd Otto wedi rhoi chwiban yn ei geg a'i chwythu, gan ennyn diddordeb nifer o deithwyr, a ddaeth allan o'u cerbydau i weld pwy oedd wedi achosi'r sŵn aflafar.

– Mae'n flin gen i, Herr Tomos. Gofynnodd Herr Doctor Price imi ddweud wrthoch eich bod yn ddyn gwybodus, ond dyw gwybodaeth ei hun ddim yn ddigon. Mae'n rhaid gweithredu ar yr wybodaeth honno. Gobeithio na fyddwch chi'n ceisio dial arnon ni neu mi fyddwn ni'n dweud wrth y gard fydd yn cyrraedd unrhyw eiliad eich bod wedi ymosod arna i a Lotte, meddai Otto. Ni ddywedodd Rhodri air, dim ond cerdded yn ôl i'w gerbyd a chau'r drws yn glep.

Roedd cynllun Paul wedi gweithio i'r dim. Defnyddiodd stiwdio Florian a Greta i ad-drefnu'r geiriau roedd Llinos wedi'u defnyddio yn y neges a anfonwyd i ffôn Paul ar ôl iddi gael ei herwgipio gan Bob a Jean Runcie yn Iwerddon. Llwyddodd Paul i amnewid geiriau Llinos bob yn ail â geiriau a recordiodd ef ei hun yn y stiwdio. Gan wisgo'r un dillad a hetiau â Paul a Llinos, llwyddodd Otto a Lotte i gymryd lle'r ddau tra roeddent yn esgus dadlau'n ffyrnig yn y coridor wrth i'r ddau deithiwr anhysbys ymuno â Rhodri yn y *couchette*.

Roedd ymdrechion ffwndrus y teithwyr â'r cesys anferth, Florian a Greta Vogts, i gael seddi yn y cerbyd, wedi mynd â sylw Rhodri, a rhoi cyfle yn ystod yr eiliadau hynny i Otto a Lotte gyfnewid lle â Paul a Llinos yn y coridor.

Wedi i Rhodri gyrraedd ei gerbyd, ffoniodd ei feistri.

– Maen nhw wedi gadael y trên i Baris, meddai, yn aros am ymateb ei uwch swyddog.

– Diolch, Rod. Bydd y trên yn cyrraedd gorsaf München Pasing mewn pum munud. Aros yno tan i mi gyrraedd. Diffoddodd Carla ei ffôn. Dychwelodd i olchi'r smotiau o waed ffug oddi ar ei llaw yn dilyn ei hymdrechion i dwyllo Llinos i gyfaddef mai Paul oedd Dr Richard Roe.

18.

Rhedodd Paul a Llinos nerth eu traed o blatfform tri i blatfform chwech. Roedd ganddynt bum munud i ddal y trên nos o Munich i Brâg.

Roedd Paul eisoes wedi prynu chwe thocyn gydag arian parod roedd wedi'i dynnu o'r twll yn y wal yn yr orsaf awr ynghynt. Roedd am wneud yn siŵr na fyddai unrhyw un yn gallu olrhain eu siwrnai, ac mai dim ond Llinos ac yntau fyddai'n teithio yn y *couchette* i Brâg.

Roedd hefyd wedi derbyn cês yn llawn dillad ar gyfer y ddau ohonynt gan Otto Grünwald, wrth iddynt gyfnewid llefydd â'r ddau Almaenwr yng nghoridor y trên i Baris.

Ond arafwyd eu hymdrechion gan y cannoedd o bobl oedd newydd gyrraedd yr orsaf i ddathlu'r Oktoberfest. Gafaelodd yn dynn yn llaw Llinos wrth i honno hyrddio drwy'r haid o bobl heb ymddiheuro i unrhyw un. Teimlai Paul ei fod wedi clywed rhegfeydd o bob un o 28 gwlad yr Undeb Ewropeaidd erbyn i'r ddau gyrraedd platfform chwech, a llwyddo o drwch blewyn i ddal y trên nos.

Eisteddai Paul a Llinos yn wynebu'i gilydd bum munud yn ddiweddarach. Ar ôl cael eu gwynt atynt, newidiodd y ddau eu dillad a thaflu'r hen rai allan o'r trên, rhag ofn bod Rhodri wedi rhoi dyfais tagio ar ddillad Llinos.

Gwgodd Llinos ar Paul, a gwingo'n anesmwyth yn ei dillad newydd.

– Paid â dweud dim. Ro'n i'n meddwl bod Greta tua'r un maint â thi a dyna'r unig ddillad sbâr oedd 'da hi, meddai Paul yn gelwyddog, gan fwynhau'r profiad o weld Llinos yn gwisgo'r dirndl Almaenaidd draddodiadol, oedd yn rhy dynn iddi. Gwenodd wrth feddwl am y ddwy flynedd o artaith y bu'n rhaid iddo yntau ddioddef yn gwisgo'r dillad di-chwaeth a ddewisodd Llinos ar ei gyfer.

Esboniodd mai neges Ute Fischer – cynllun P – oedd iddo gwrdd â hi yn Sgwâr Wenceslas ym Mhrâg am hanner dydd. Soniodd hefyd am ymosodiad Otto Grünwald, a'r ffaith fod Carla wedi'i ddilyn i'r sgwâr.

– Oedd hi wedi newid lliw ei gwallt o ddu i felyn? gofynnodd Llinos.

– Oedd. Sut oeddet ti'n gwybod hynny?

– Ddwedodd Rod rhywbeth am wallt melyn Carla pan ddwedais i 'mod i wedi llosgi'i haeliau a'i gwallt ym Mhwllderi. Roedd ganddi wallt du bryd hynny... sy'n awgrymu bod Rhodri wedi gweld Carla'n ddiweddar, atebodd Llinos cyn ychwanegu

– ... ond ro'n i'n ei amau cyn hynny pan ffoniest ti i ddweud dy fod wedi bod yn swyddfa'r heddlu.

– Pam?

– Ddwedodd Rod wrtha i ei fod wedi cysylltu â'r BND a'r heddlu i geisio dod o hyd i ti. Ond pan ddwedest i ti fod yng ngorsaf yr heddlu ro'n i'n gwybod nad oedd Rod wedi cysylltu â nhw. Felly ro'n i'n amau nad oedd e am iddyn nhw ddod o hyd i ti.

– Craff iawn, Llinos.

– 'Na pham brynes i hwn... rhag ofn iddo ymosod arna i. Mi fydden i wedi gallu'i fwrw'n anymwybodol, meddai, gan wthio cerflun pwysau papur Hieronymus Bosch draw at Paul.

Gwenodd Paul a chofio am y cerflun pwysau papur o wyneb Isaac Newton oedd bob amser ar ddesg ei fentor, Mansel Edwards.

– Hyfryd, Llinos. Wyt ti'n meddwl bod Rhodri'n gweithio gyda Tom a Carla? Neu ydy Bond wedi dweud celwydd wrthon ni a'r tri'n gweithio iddo fe? Neu a yw pob un ohonyn nhw'n gweithio i Rwsia?

– Dwi ddim yn gwybod... ond dwi'n gwybod nad oedd Rhodri am i aelodau gwasanaeth cudd yr Almaen ddod o hyd i ti. Eisteddodd Llinos yn ymyl ei phartner. – Os felly, mae hynny'n golygu na allwn ni ymddiried yn llwyr yn Bond chwaith, ychwanegodd.

Amneidiodd Paul ei ben cyn troi i'w hwynebu.

– Mae'n rhaid imi ymddiheuro i ti, Llinos...

– Pam?

– Oherwydd ro'n i'n amau dy fod ti wir yn hoffi Rhodri.

Gwenodd Llinos a gafael yn ei law.

– Do'n i ddim ond yn rhoi sylw iddo i dy neud di'n genfigennus.

– Ond pam fyddet ti'n neud hynny?

Esboniodd Llinos ei bod hi'n teimlo nad oedd Paul wedi rhoi digon o sylw iddi yn y gorffennol, am mai ei waith oedd yn dod gyntaf bob tro, ac nad oedd dyfodol i'w perthynas pe na bai'r sefyllfa'n newid. – Mi wnaeth Rod hyd yn oed awgrymu i ti fod wrthi'n gweithio ar y cynllun drôn yn hytrach nag adolygu ar gyfer dy arholiad NVQ. A hefyd beth amdanat ti ac Ute Fischer? gofynnodd Llinos.

– Sawl tro fydd yn rhaid imi ddweud hyn? Ti yw'r unig un i fi, Llinos.

Gwasgodd Llinos law Paul yn dynn. – Rwyt ti'n dweud y gwir, yn dwyt ti, Paul? gofynnodd Llinos.

– Mae'n rhaid inni ymddiried yn ein gilydd, meddai Paul yn dyner. – Yr unig ffordd y gallwn ni osgoi cael ein lladd yfory yw os y'n ni'n tynnu 'mlân gyda'n gilydd fel y gwnaethon ni ym Mhwllderi.

Amneidiodd Llinos ei phen a gwenu'n wan.

– Cytuno. Ond bydd yn rhaid iti fod yn fwy ystyriol ohona i.

– Wrth gwrs.

Anadlodd Llinos yn hir a dweud. – O'r gorau. Mae'n flin gen i am ddweud celwydd amdanat ti wrth Pat, Declan, Liam a gweddill y teulu yn Ballybunion.

– Iawn. Diolch. Dim ond dy fod ti'n addo y byddi di'n gwrando arna i'n fwy aml o hyn ymlaen. Rhoddodd Paul ei fraich yn dyner o gwmpas ei gymar.

– Wrth gwrs. Pryd y'n ni'n cyrraedd Prâg?

– Tua naw o'r gloch bore fory. O leia gawn ni noson dda o gwsg cyn cwrdd ag Ute fory.

– Wyt ti'n hollol siŵr? gofynnodd Llinos gan godi a chloi drws y *couchette*.

Gwenodd Paul a chodi un o'i aeliau.

– Dwi wedi penderfynu gadael iti ddweud wrtha i beth i'w neud am un tro ola… ac rwyt ti'n edrych yn anhygoel yn y dirndl 'na, meddai, ac estyn i gau cyrtens y *couchette* cyn cofleidio'i gariad.

19.

Roedd Tom yn darllen argraffiad hwyr o bapur newydd *Münchner Merkur as Geld* a gweld bod Bayern Munich wedi curo Borussia Mönchengladbach oddi cartref o ddwy gôl i un pan dderbyniodd alwad ffôn Rhodri yn dweud bod Paul a Llinos wedi dianc o'r trên i Baris.

Roedd Tom wedi llwyddo i berswadio Rhodri i gymryd punt y gynffon tua blwyddyn ynghynt. Roedd yn falch nad oedd wedi'i ddefnyddio fel rhan o'r uned a geisiodd ladd Paul a Llinos ym Mhwllderi. O ganlyniad roedd un o'i dîm o fradwyr yn dal i weithredu o fewn MI5.

Roedd hoffter mawr Rhodri o gelf yn golygu ei fod yn

rhwydd iawn i'w droi, cofiodd Tom, oherwydd gallai fforddio'r darnau celf roedd am eu perchen gyda'r cyflog ychwanegol roedd y Rwsiaid yn ei gynnig. Edmygai Tom resymau esthetig Rhodri dros fradychu'i wlad, oedd yn wahanol i aelodau eraill yr uned. Doedd gan neb lawer o foesau rhagor, meddyliodd.

Serch hynny roedd Tom yn edmygu rhywbeth oedd yn gyffredin am bob bradwr, sef eu hanfoesoldeb. Mae moesau yn eich clymu i wlad, i Dduw, neu i bobl eraill, ond mae'r anfoesol yn rhydd, meddyliodd Tom gan ddechrau pendroni am ei sefyllfa yntau.

Dwy funud yn ddiweddarach ffoniodd Carla.

– Ble wyt ti? gofynnodd Tom.

– Yn yr orsaf drenau. Does dim golwg ohonyn nhw. Rwy'n sicr eu bod nhw wedi dal trên arall. Ond mi allan nhw fod ar unrhyw un o bump neu chwe thrên gwahanol, meddai honno'n wyllt.

– Maen nhw ar y trên nos i Brâg.

– Sut wyt ti'n gwybod?

– Am fy mod i wedi ystyried y posibilrwydd y bydden nhw'n ceisio newid trenau. Mi wyliais i nhw'n gadael y trên i Baris a rhuthro i ddal y trên i Brâg. Beltiau a bresys, Carla. Sugnodd Tom ei switsen yn uchel mewn ymdrech i godi gwrychyn Carla.

– Ble wyt ti nawr? gofynnodd honno'n fyr ei hamynedd. Oedodd Tom am eiliad, yn mwynhau'r teimlad hunanfodlon oedd yn llifo drosto.

– Ar y trên i Brâg. Dwêd wrth Rhodri am deithio 'da ti i'r ddinas. Dyma'r trên olaf heno felly bydd yn rhaid ichi yrru neu hedfan yno mae gen i ofn. Pum neu chwe awr ar y briffordd. Mi gadwa i olwg ar Price a Burns nes ichi gyrraedd, meddai a diffodd y ffôn, yn fodlon iawn â llwyddiant ysgubol ei gynllun.

Diffoddodd Carla ei ffôn, gan wenu'n fodlon yn sgil llwyddiant ysgubol ei chynllun hithau hefyd.

20.

Syllodd dyn penfoel yn ei chwedegau drwy ffenestr ei dŷ, a safai ger clogwyn ar arfordir gorllewinol Cymru. Roedd hi'n ddiwrnod gwlyb ac oer a thynnodd ei got yn dynn amdano wrth iddo aros i gael ei dywys o'i gartref i'w waith. Gwyliodd y tonnau'n taro yn erbyn y clogwyni wrth iddo synfyfyrio am y cynllun roedd wedi cytuno i'w gyflawni i brif lywodraethau NATO.

Pendronodd ynghylch dyfodol y cynllun drôn y cydsyniodd i'w arwain, yn dilyn marwolaeth yr Athro Mansel Edwards.

Trodd a cherdded yn araf ar draws y lolfa at biano. Eisteddodd wrth yr offeryn gan daro ambell i nodyn... A Bb G E C Bb E A... Clywodd gnoc ar y drws. Trodd a disgwyl gweld un o'r milwyr oedd wedi ei gludo i'r gwaith ers pum mis yn sefyll yno.

Ond nid milwr oedd yno, ond yn hytrach dyn tenau, gosgeiddig yn ei bumdegau cynnar. Roedd wedi'i wisgo'n drwsiadus ac roedd ganddo fag du yn ei law chwith, a bagiau du o dan ei lygaid.

– Rwy'n credu y dylech chi ddod gyda fi. Mi fydd angen eich help chi yfory, meddai'r uwchswyddog MI5, Mr Bond, wrth Dr Richard Roe.

Amneidiodd hwnnw ei ben, cyn codi a dilyn y dyn allan o'r tŷ ac i mewn i gar fyddai'n eu cludo i'w labordy, ddwy filltir i ffwrdd o'i gartref ar arfordir Ceredigion.

21.

Gwibiodd y trên drwy drefydd de'r Almaen cyn cyrraedd dinas hanesyddol Nürnberg am hanner awr wedi tri'r bore. Erbyn hyn roedd Paul a Llinos yn cysgu'n drwm ym mreichiau'i gilydd yn eu *couchette*.

Ond roedd Tom ar ddi-hun mewn cerbyd cyfagos. Pendronodd ynghylch beth ddylai ei wneud am y gwyddonydd a'i gariad yn yr oriau cyn i'r trên gyrraedd Prâg toc wedi naw'r bore.

Gwyddai y byddai Paul a Llinos wedi cloi drws y cerbyd. Ni fyddai'n broblem i ysbïwr mor brofiadol ag ef i dorri'r clo a chael mynediad i'r *couchette* heb iddyn nhw glywed. Serch hynny, gwyddai Tom y byddai ei gynllun yn gweithio'n llawer gwell petai'n gallu delio â Paul ar ei ben ei hun. Bu'n rhaid iddo aros tan hanner awr wedi saith y bore, gyda'r trên yn nesáu at ddinas Pilsen yng Ngorllewin y Weriniaeth Tsiec, cyn dechrau rhoi pethau ar waith.

Roedd Llinos newydd ddihuno ac wedi gorfod ysgwyd Paul sawl tro cyn iddo yntau ddeffro o'i drwmgwsg.

– Paul... Paul, dwi angen mynd i'r toiled, meddai gan godi ei bag ymolchi.

– Mmmm... dere 'nôl i'r gwely, atebodd Paul yn gysglyd.

– Dere 'da fi. Roedd Llinos eisoes wedi gwisgo trowsus a siwmper ei chymar.

Agorodd Paul ei lygaid.

– Pam wyt ti'n gwisgo fy nillad i?

– Dwi ddim yn mynd trwy'r rigmarôl o wisgo'r dirndl 'na nawr. Fe gei di dy ddillad ar ôl inni ddod o'r toiled. Dere mlân. Rwy'i bron â byrstio.

– Sai'n symud modfedd. Does neb wedi'n dilyn ni. Mi fyddi di'n iawn. Mae'r toiled ar ben y coridor, meddai Paul yn sylwi ar y pwysau papur o ben Hieronymus Bosch yn gwgu arno o'r llawr. Pwysodd dros ymyl y gwely a'i godi.

– Cer â hwn 'da ti rhag ofn. Rhoddodd y cerflun yn llaw Llinos.

– 'Nath e ddim gweithio neithiwr, do fe? atebodd honno, wincio ar ei chariad ac ychwanegu

– ... ond clo'r drws ar fy ôl i.

– Iawn... iawn. Cer, meddai Paul wrth i Llinos adael y *couchette*. Caeodd ei lygaid a gwybod y byddai'n rhaid iddo godi cyn bo hir, er ei fod wedi blino'n lân ar ôl ei ymdrechion i ddianc rhag Carla'r diwrnod cynt, a'r giamocs gyda'i gymar yn ystod oriau mân y bore.

Clywodd ddrws y cerbyd yn agor.

– Bob tro! Mae'r past dannedd yng ngwaelod y cês, gwaeddodd Paul, heb agor ei lygaid.

– Bore da, Dr Price.

Agorodd Paul ei lygaid a gweld Tom yn eistedd yn y sedd ger drws y cerbyd ac yn anelu dryll tuag ato.

Cododd ar ei eistedd a sylweddoli ei fod yn hollol noeth. Tynnodd y cwrlid amdano wrth i Tom gau drws y *couchette* yn dawel.

– Fyddai'r cwrlid ddim yn darian effeithiol iawn petawn i am eich lladd... heblaw am dawelu sŵn yr ergyd olaf, meddai'r ysbïwr.

Syllodd y ddau ar ei gilydd am eiliad.

Lledodd gwên ar draws wyneb Tom cyn iddo roi'r dryll ar sedd arall gerllaw.

– Beth sydd wedi newid? gofynnodd Paul yn ddryslyd, gan syllu ar y dryll. – Mi laddoch chi Mansel Edwards ac mi wnaethoch chi'ch gorau glas i fy lladd i a Llinos ym Mhwllderi. Dwi ddim yn deall.

– Mae'n rhy gymhleth imi esbonio ar hyn o bryd, Dr Price. *Realpolitik*. Ond mae'n rhaid ichi ddeall un peth cyn i Miss Burns ddychwelyd. Ac mae'n rhaid ichi fy nghoelio os ydych am aros yn fyw. Pwysodd ymlaen a sibrwd –...credwch neu beidio... dwi dal yn gweithio i MI5. Dwi ddim yn fradwr...

– Ond... ond...

– Mi ddaw popeth yn amlwg maes o law. Cyn hynny mae gennon ni gynllun i'w drafod. Mae Carla a Rhodri'n gweithio i'r Rwsiaid ac mi fyddan nhw'n aros amdanoch chi yng ngorsaf drenau Prâg, meddai Tom cyn i Paul ymyrryd.

– Carla! Rhodri! Ond cafodd Carla ei saethu. Ac mae Rhodri'n gweithio i MI5. Dwi ddim yn deall.

Esboniodd Tom yr ymgais ffug i herwgipio Llinos.

– Ond pam ddylwn i'ch credu chi?

Oedodd Tom am eiliad.

– Mae'n ymwneud â'r Athro Mansel Edwards. Mae'n bryd ichi...

Ond ni chafodd Tom gyfle i orffen y frawddeg oherwydd agorodd Llinos y drws.

– Anghofies i'r past dannedd... meddai, a gweld Tom.

Gwelodd y dryll ar y gadair hefyd, a chyn i Tom gael cyfle i ymateb roedd Llinos wedi'i daro ar ei ben â'r pwysau papur yn ei llaw.

– Bish... Bash... Bosch, meddai, gan ddal y cerflun yn fuddugoliaethus uwch ei phen.

– Be ti wedi neud, y dorth? meddai Paul, cyn neidio ar draws y cerbyd a rhoi dau fys ar arlais chwith Tom.

– Ydy e dal yn fyw? gofynnodd Llinos, yn dechrau crynu trwyddi wrth i Paul deimlo am guriad calon yr ysbïwr yn erbyn ei fysedd.

– Ydy, diolch byth. Ond sai'n gwybod faint o anaf mae e

wedi'i gael. Roist ti dipyn o golbad iddo fe, yr het, atebodd Paul.

Trodd Llinos at Paul gan roi ei dwylo ar ei chluniau.

– Mi gytunon ni neithiwr na fyddet ti'n fy meirniadu i mor aml. Dwi ddim yn credu bod fy ngalw i'n het ac yn dorth yn gwneud dim i wella'r sefyllfa. Dyna'r diolch dwi'n ei gael am achub dy fywyd.

– O'r gore. Sori. Ond dwi ddim yn credu ei fod e'n bwriadu fy lladd i. Roedd e ar fin dweud rhywbeth pwysig wrtha i am Mansel Edwards...

– ... ond beth wnawn ni nawr?

– Mae Carla a Rhodri'n gwybod ein bod ni ar y trên. A dwi dal ddim yn siŵr am onestrwydd Tom. Mae'n rhaid inni adael... nawr... yn Pilsen... a chanfod ffordd arall o fynd i Brâg, meddai Paul wrth i'r trên ddechrau arafu yn nesáu at orsaf drenau dinas Pilsen.

– Dere â dy ddillad i mi a gwisga'r dirndl... mae'n rhaid inni fynd ar unwaith, ychwanegodd. Ond safodd Llinos yn ei hunfan.

– Dwi ddim yn mynd i wisgo'r dirndl 'na eto. A beth wnawn ni gyda Tom? gofynnodd, gan godi'r dryll oddi ar y sedd.

– Dwi ddim yn gwybod, atebodd Paul.

– Diolch byth fy mod i yma, ynte, atebodd Llinos.

22.

– Žebrák! Lle pwysig iawn yn hanes yr hen wlad... Tsiecoslofacia, gwaeddodd Pavel, y gyrrwr tacsi mewn Saesneg bratiog, wrth i'r cerbyd nesáu at y dref fechan honno, rhyw ddeng milltir ar hugain o Brâg.

– Man geni Oldřich Nejedlý... prif sgoriwr Cwpan y Byd

1934... pan aeth Tsiecoslofacia i'r rownd derfynol, gwaeddodd gan chwerthin.

Roedd Llinos wedi treulio'r awr ddiwethaf yn gwrando ar Pavel yn parablu'n ddi-baid am hanes y Weriniaeth Tsiec, a'r cyfan yn ymwneud â phêl-droed.

Cyn hynny roedd Paul wedi gorfod dwyn trowsus a siaced Tom, wrth iddynt ddod oddi ar y trên ym mhrif orsaf Pilsen am fod Llinos wedi mynnu gwisgo dillad Paul yn lle'r dirndl.

– Ond beth os oes tag ar y dillad? cwynodd Paul wrth roi blanced dros Tom oedd yn dal yn anymwybodol.

– Pam fyddai Tom yn rhoi tag ar ei ddillad ei hun? Dere... mlân â nhw, atebodd Llinos.

Tynnodd Paul waled a ffôn Tom o bocedi'r siaced a'u gosod ar sedd y *couchette*.

– Be ti'n neud? Dere â'r waled 'na 'ma, meddai Llinos, cyn tynnu 500 ewro allan ohoni. – Mi fydd angen yr arian yma arnon ni.

– Ond dwyn yw hynny, Llinos.

– Does dim ots gen i. Mi laddodd y diawl 'na Mansel Edwards, a cheisio'n lladd ni 'fyd. Iawndal. Estynnodd i godi'r ffôn.

– Gad y ffôn, y ffŵl. Mae 'na declyn ynddo sy'n golygu bod ffrindiau Tom yn gwybod ble yn gwmws mae e, meddai Paul, cyn i'r ddau adael y trên.

Dywedodd wrth swyddog ar y platfform ei fod yn meddwl bod angen cymorth meddygol ar ddyn oedd wedi cael damwain ar y trên, yna daliodd Llinos ac yntau dacsi o'r tu allan i'r orsaf. Cytunodd Paul i dalu'r cant a hanner o ewros roedd Pavel wedi gofyn amdano i'w cludo nhw o Pilsen i Brâg, gan ddefnyddio arian Tom.

– Pryd fyddwn ni'n cyrraedd? gwaeddodd Llinos o gefn y

car wrth iddyn nhw nesáu at dref Beroun. Ond anwybyddodd Pavel hi am ei fod yn ysu i rannu darn pwysig o wybodaeth.

– Beroun. Lle pwysig iawn yn hanes yr hen wlad... Tsiecoslofacia. Cartre Antonín Panenka, sgoriwr y gôl a enillodd Pencampwriaeth Ewrop inni yn 1976 gan guro Lloegr ar y daith fythgofiadwy honno, meddai, a throi am eiliad a wincio ar Paul. Yn naturiol, roedd Pavel wedi camgymryd fod y teithwyr yn Saeson am eu bod wedi ceisio cyfathrebu ag ef yn Saesneg wrth archebu'r tacsi.

– Na. Cymry y'n ni... Wales... Galles... Pays de Galle, meddai Paul wrth i Pavel frolio am lwyddiant tîm pêl-droed ei famwlad yn ystod yr 1970au.

–... Tsiecoslofacia... 2, Lloegr 1... Bratislava... 1975... Ray Clemence... Mick Channon... Kevin Keegan... Trrrrr. Gorffennodd Pavel drwy wneud sŵn rhech â'i wefusau.

– Na... na... Dai Davies... John Mahoney... Leighton James... Cymru 3, Tsiecoslofacia 0... Wrecsam 1977... Trrrrr, meddai Paul yn dynwared Pavel.

Gwgodd Pavel cyn troi'r car i mewn i encilfa ar gyrion Beroun.

– Allan... allan... allan nawr. Ry'ch chi wedi sarhau enw fy ngwlad, gwaeddodd, gan gamu allan o'r car, agor y drws cefn a thynnu Paul allan o'r cerbyd gerfydd ei war.

– Ond dyw hyn ddim yn deg, erfyniodd Paul wrth i Llinos gamu'n araf o'r car a sefyll yn gwylio methiant Paul i ddarbwyllo Pavel i barhau â'r siwrnai.

– Does dim hawl gennych chi i bardduo enw fy ngwlad i yn fy ngwlad i, meddai Pavel, gan chwifio'i fys yn wyneb Paul cyn camu'n ôl i'r tacsi a gyrru i ffwrdd.

– Enghraifft wych o frawdoliaeth yr Undeb Ewropeaidd ar waith fan'na, Paul. Roedd yn rhaid i ti fod yn hollwybodus a dangos dy hun. Dechreuodd Llinos gerdded i gyfeiriad tref Beroun.

– Doedd dim ots 'da ti pan oedd Rhodri'n malu awyr oedd e? atebodd Paul.

– Ond roedd e'n sôn am bethau diddorol fel celf, hanes a llenyddiaeth. Roedd e hyd yn oed yn gwybod mwy na ti am bêl-droed, dywedodd Llinos. Camodd ymlaen a cheisio anwybyddu protestiadau Paul.

– Be ddigwyddodd i'r cytundeb i geisio bod yn fwy ystyriol o'n gilydd? gwaeddodd Paul ar ei hôl, gan ddiosg siaced Tom a'i rhoi dros ei ysgwydd, cyn dechrau dilyn ei gymar.

– Cau dy geg, y ffŵl, oedd ei hunig ymateb a chodi ei bys canol i'r awyr wrth iddi frasgamu at dref Beroun.

23.

Safai Carla a Rhodri yng ngorsaf drenau Hlavní Nádraží ym Mhrâg am hanner awr wedi naw'r bore hwnnw yn gwylio'r teithwyr yn dod oddi ar y trên nos o Munich. Nid oedd Paul, Llinos na Tom yn eu plith. Camodd Rhodri ar y trên cyn dychwelyd i ymuno â Carla ar y platfform deng munud yn ddiweddarach.

– Dim golwg ohonyn nhw. Ble maen nhw? gofynnodd Rhodri, oedd wedi defnyddio pas ffug heddlu'r Weriniaeth Tsiec i archwilio'r trên.

– Dwi ddim yn gwybod ble mae Price a Burns ond mi fydda i'n gwybod ble mae Tom ymhen munud neu ddwy, atebodd Carla gan gerdded gyda Rhodri yn ôl i'w char ym maes parcio'r orsaf. Rhoddodd ei ffôn ymlaen a defnyddio'r ap fyddai'n dangos ei leoliad.

– Mae gen i amheuon am Tom... amheuon mawr a dweud y

gwir, meddai, a throi at Rhodri. – Penderfynais roi tag GPS ar ei siaced rhag ofn i rywbeth ddigwydd iddo, ychwanegodd, yn syllu ar ei ffôn.

– Ar hyn o bryd mae'n teithio'n araf iawn tuag at Prâg. Os oes unrhyw sail i fy mhryderon rwy'n weddol siŵr bod Price a Burns gyda fe.

– Ond pam na fydde fe'n cysylltu â ni?

– Dwi ddim yn siŵr... ond mae gen i syniad... ac mi gawn ni wybod y gwir pan gyrhaeddan nhw Prâg, atebodd Carla gan ddechrau'r car a gyrru tuag at ganol y ddinas.

24.

Llwyddodd Paul a Llinos i ddal bws o dref Beroun i Prâg am ddeg o'r gloch y bore Sul hwnnw. Treulion nhw'r awr a hanner nesaf yng nghwmni dwsin o bobl eraill oedd yn teithio'r ugain milltir i ganol prifddinas y Weriniaeth Tsiec.

– Ych a fi. Ro'n i wedi clywed bod hon yn ddinas brydferth, meddai Llinos gan syllu ar y llu o flociau o fflatiau carreg llwyd hyll a welsant wrth i'r bws deithio tuag at ganol y ddinas.

Teimlai Paul hefyd ormes yr oes Gomiwnyddol wrth iddo edrych ar y tyrau a adeilawyd ar ôl yr Ail Ryfel Byd. Teimlai'n drwm ei ysbryd o gofio y byddai Carla a Rhodri yn aros amdanyn nhw yn y ddinas. Ond cododd ei galon wrth i'r bws groesi'r afon Vltava. Fe'i swynwyd yn llwyr gan y castell enfawr a safai uwchben canol yr hen ddinas o dai toeau coch llachar oedd mor nodweddiadol o'r ardal.

– Croeso i Brâg, Llinos. Dinas gwyddonwyr enwog fel Brahe, Kepler ac Einstein, heb sôn am gartref ambell i athrylith arall fel Mozart, Kafka a Dvořák, meddai Paul wrth iddo gamu oddi ar y bws yn y brif orsaf fysus yn ardal Florenc o'r ddinas.

– Heb sôn am lofruddwyr fel Carla a Rhodri... Ble wyt ti'n cwrdd ag Ute Fischer? gofynnodd Llinos yn swrth.

– Sgwâr Wenceslas.

– Dere mlân, 'te, meddai Llinos a dechrau cerdded i gyfeiriad yr orsaf Metro.

Cyrhaeddodd Paul a Llinos y Sgwâr toc cyn hanner dydd. Cerddodd y ddau i fyny'r rhodfa hanner milltir o hyd tuag at yr Amgueddfa Genedlaethol.

– Ble yn gwmws wyt ti'n cwrdd â Fischer? gofynnodd Llinos, wrth iddynt gerdded ymysg y cannoedd o bobl oedd yno i siopa neu ymlacio yn y caffis, y bwytai a'r tafarndai.

– Ger cerflun Sant Wenceslas o flaen yr amgueddfa draw fan'na, atebodd Paul.

– Dwi ond yn gobeithio ei fod yn werth peryglu'n bywydau ni i achub hon, cwynodd Llinos wrth i Paul ddod i stop ger croes efydd oedd wedi'i gosod yn y llawr.

Safodd yn fud ger y gofeb Jan Palach a Jan Zajíc, y ddau fyfyriwr a losgodd eu hunain i farwolaeth yn 1969 mewn protest yn erbyn meddiant yr Undeb Sofietaidd o'u gwlad y flwyddyn cynt.

– Peidiwch byth â derbyn anghyfiawnder, dyna ddwedodd Jan Palach, a dyna pam ry'n ni 'ma, Llinos. Dyna sy'n werth peryglu'n bywydau amdano, meddai Paul wrth i'r ddau sefyll yn dawel ger y gofeb am funud, cyn ailddechrau cerdded tuag at y cerflun o Wenceslas a nawddseintiau eraill y wlad.

Clywodd Paul y cloc seryddol ar ochr arall y sgwâr yn taro deuddeg. Edrychodd o'i amgylch gan obeithio gweld Ute Fischer yn cerdded tuag ato, ond heb unrhyw lwc. Yn y cyfamser astudiodd Llinos y cerfluniau a cheisio darllen yr ysgrif ar waelod yr heneb.

– Beth yw ystyr *Svatý Václave, vévodo české země, kníže náš, nedej zahynouti nám ni budoucím*, Paul? Stryffaglodd Llinos i yngan y geiriau diarth.

– Sut ydw i'n gwybod? Gofynna i dy fêt Rhodri pan weli di e, atebodd Paul yn sych.

– Ei ystyr yw 'Sant Wenceslas, Dug y tiroedd Tsiec. Paid â gadael i ni na'n disgynyddion drengi,' meddai llais Ute Fischer.

Trodd Paul i weld ble roedd Ute, ond ni welai neb gerllaw heblaw am hen ŵr a gwraig a dau blentyn yn eistedd rhyw bum llath i ffwrdd.

Dechreuodd gerdded tuag atynt cyn iddo glywed Ute yn ei geryddu.

– Dwi ddim fan'na. Dwi yn ymyl dy glust.

Trodd Paul ei ben i'r chwith a gweld dyfais llai na maint pêl golff yn hongian yn yr awyr. Sylweddolodd mai'r drôn arbrofol y bu Ute a Gerd Maier yn gweithio arno oedd yn ei wynebu. Clywodd lais Ute eto.

– Roeddet ti fod i ddod ar dy ben dy hun… dyna ddwedes i.

– Mae Llinos… fy nghymar… 'ma, ond mi alli di ymddiried ynddi, atebodd Paul, wrth i Llinos nesáu a syllu ar y drôn.

– Rwyt ti'n *dal* gyda hi? gofynnodd Ute â thinc o anghrediniaeth yn ei llais.

Gwgodd Llinos gan hanner cau ei llygaid.

– Ydw. Wrth gwrs 'mod i, gwenodd Paul ar Llinos cyn troi ei ben a syllu ar y drôn.

– Wyt ti'n gallu fy ngweld i drwy'r drôn?

– Ddim yn glir iawn. Na. Ond rwy'n gallu dy weld di o ble dwi'n eistedd, atebodd Ute, oedd wrth fwrdd yn sipian coffi y tu allan i gaffi tua dau ganllath i ffwrdd. Byddai unrhyw un arall yn y cyffiniau'n meddwl ei bod yn defnyddio'i i-ffôn a'i system seinydd i siarad ar y ffôn yn hytrach na llywio'r drôn.

– Beth wyt ti am imi wneud? gofynnodd Paul.

– Dere i'r lleoliad dwi am ei roi iti nawr ymhen yr awr, meddai Ute. Llywiodd y drôn yn agos i glust chwith Paul a rhoi cyfarwyddiadau pellach iddo. Yna fe'i llywiodd yn gyflym uwchlaw pennau trigolion y sgwâr yn ôl i'r fan ble'r oedd hi'n eistedd.

Cerddodd Paul a Llinos ar hyd Sgwâr Wenceslas cyn dal y Metro i'r man cyfarfod. Ni sylwon nhw fod Carla a Rhodri wedi bod yn eu gwylio o bell, diolch i'r tag yng nghot Paul. Ond ni sylwodd y ddau ysbïwr fod rhywun hefyd wedi bod yn eu gwylio nhw yn ystod y munudau diwethaf.

Roedd Tom wedi treulio bore prysur ers i Llinos Burns ei daro'n anymwybodol wrth i'r trên gyrraedd Pilsen. Daeth ato'i hun a gweld meddyg a dau o swyddogion yr orsaf drenau'n pwyso drosto. Teimlai fel petai ei ben bron â ffrwydro, a mynnai'r meddyg ei fod yn mynd i'r ysbyty am ei fod yn amau ei fod yn dioddef o gyfergyd. Gwrthododd y cynnig wrth geisio codi ar ei draed a gweld, gyda rhyddhad mawr, bod Paul a Llinos wedi gadael ei ffôn a'i waled ar y sedd.

Wedi iddo dderbyn cyffuriau lleddfu poen gan y meddyg, esboniodd Tom iddo gael ei fygio ar y trên a phenderfynu rhannu disgrifiadau ffug o'r ymosodwyr i wneud yn siŵr na fyddai Paul a Llinos yn cael eu harestio.

– Dwi ddim angen mwy o help diolch, meddai.

– Ydych chi'n hollol siŵr? gofynnodd y meddyg a chlywodd Tom y ddau swyddog yn chwerthin yn dawel.

Trodd i weld adlewyrchiad ohono'i hun yn ffenestr y *couchette*. Roedd yn gwisgo dirndl Llinos. Ond ni amharodd hynny fawr ddim ar Tom. Nid ar chwarae bach y bu'n un o ysbiwyr gorau Llywodraeth Ei Mawrhydi am dros ugain mlynedd. Tynnodd bàs ffug Interpol o'i waled a'i ddangos i'r swyddogion, gan fynnu bod un ohonynt yn rhoi ei ddillad iddo.

Gadawodd yr orsaf ddwy funud yn ddiweddarach, cyn archebu car â'i gerdyn credyd a theithio i Brâg. Gwenodd iddo'i hun wrth edrych ar yr ap ar ei ffôn yn dangos lleoliad Carla. Bu'n benderfyniad doeth i osod tag GPS ar ei dillad hi'r noson cynt, am ei fod yn synhwyro ei bod hi'n cynllwynio yn ei erbyn.

Cyrhaeddodd Prâg awr a hanner yn ddiweddarach a dilyn Carla a Rhodri i Sgwâr Wenceslas.

– Beltiau a bresys, meddai wrtho'i hun wrth iddo wylio'r ddau'n gadael y sgwâr.

25.

Dechreuodd Paul a Llinos ddadlau ynghylch cyfarwyddiadau Ute Fischer ar ôl cyrraedd yr orsaf Metro ger Sgwâr Wenceslas.

– Wyt ti'n hollol siŵr mai gorsaf Albertov, nid Opatov ddwedodd Ute? gofynnodd Llinos, gan syllu ar y bwrdd gwybodaeth oedd o'i blaen.

– Adeilad Bohumil Hrabal ger gerddi Hašek yn ardal Albertov... yn bendant, meddai Paul yn brasgamu i gyfeiriad y platfform perthnasol.

Ugain munud yn ddiweddarach roedd y ddau'n teithio i ardal Opatov, wedi i Paul a Llinos ddod o hyd i rywun oedd yn medru siarad ychydig o Saesneg a esboniodd nad oedd unrhyw erddi Hašek yn ardal Albertov ym Mhrâg.

– Mi fydd yn rhaid i ti a Fischer wella'r system sain ar y drôn, yn ogystal â'r lluniau, chwarddodd Llinos wrth iddynt adael y trên Metro.

– Oes rhaid i ti fod mor sarcastig am fy ngwaith drwy'r amser? meddai Paul wrth i'r ddau gyrraedd allanfa'r orsaf danddaearol.

– Tra 'mod i wrthi. Beth sy'n mynd i ddigwydd ar ôl i ti ac Ute ddatrys y problemau â lluniau'r drôn? gofynnodd Llinos.

– Dwi ddim yn gwybod amdanat ti ond dwi ddim yn awyddus i gyfarfod â Carla a Rhodri eto, ychwanegodd, yn tynnu ei ffôn symudol o'i phoced.

– Be ti'n neud nawr? gofynnodd Paul.

– Rwy'n mynd i archebu tocyn i fynd adre. Mi alli di ac Ute Fischer neud be fynnoch chi, atebodd Llinos a deialu rhif ar y ffôn a chamu yn ei blaen wrth i Paul geisio dod o hyd i rywun oedd yn gwybod lle'r oedd gerddi Hašek.

Erbyn i Paul gyrraedd y gerddi rhyw bum munud yn ddiweddarach, sylwodd fod Llinos wedi'i ddilyn a'i bod yn sefyll rai camau y tu ôl iddo.

– Ond cyn imi fynd mae'n rhaid imi wneud yn siŵr dy fod ti'n gorffen dy waith, meddai gan gerdded heibio Paul ac ychwanegu.

– Dilyna fi.

26.

Ni ddywedodd Paul a Llinos air wrth ei gilydd am y deng munud nesaf, nes iddynt gyrraedd adeilad Bohumil Hrabal, un o'r tyrau llwyd hynny a adeiladwyd dan rym y Comiwnyddion yn yr 1950au.

Bu'n rhaid iddynt gerdded i fyny grisiau'r adeilad am nad oedd y lifft yn gweithio. Roedd y ddau wedi blino'n lân erbyn cyrraedd fflat rhif pump ar y seithfed llawr. Curodd Paul ar y drws chwe gwaith fel y gofynnodd Ute Fischer iddo wneud.

Anadlodd yn hir, a gafaelodd Llinos yn dynn yn ngherflun Hieronymous Bosch ym mhoced dde ei chot.

Agorodd y drws. O'r cysgodion camodd Ute Fischer. Cofleidiodd Paul yn gynnes. – Rwyt ti wedi magu pwysau, meddai, gan gamu'n ôl a syllu ar Paul.

– Ac rwyt ti wedi newid steil dy wallt, atebodd Paul, a gafodd ei atgoffa o rywun oedd wedi bod yn salon *Cutey Curls* yn Ballybunion yn ddiweddar.

Pesychodd Llinos ac amneidio'i phen i gyfarch Ute.

– Prynhawn da, Dr Fischer, meddai'n ffurfiol. – Well inni fynd i mewn. Mae gennych chi waith i'w gyflawni, ychwanegodd, yn dilyn Paul a'r gwyddonydd i mewn i'r fflat. Ar y bwrdd roedd gliniadur a drôn bychan, ac o'u hamgylch llu o bapurau'n llawn nodiadau ysgrifenedig.

Gofynnodd Paul i Ute esbonio beth oedd y problemau oedd wedi'i hatal hi, Gene Diffring a Gerd Maier rhag cwblhau'r cynllun.

– Ond rwyt ti eisoes yn gwybod hynny, on'd wyt ti? Edrychodd Ute yn syn ar Paul.

– Nag ydw. Sut fydden i'n gwybod unrhyw beth am y gwaith tan nawr? atebodd Paul, yn esbonio iddo gael ei herwgipio gan MI5 ac i Bond ofyn iddo helpu i ddod o hyd i Ute.

– Ond ro'n i'n ffyddiog mai ti oedd y gwyddonydd oedd yn rheoli'r cynllun drôn yn dilyn marwolaeth Mansel Edwards... sef Dr Richard Roe.

– Ddwedodd Bond ddim byd am unrhyw Richard Roe, atebodd Paul. Ceisiodd feddwl pam fyddai'r ysbïwr wedi celu'r gwir.

– Pam fyddet ti'n meddwl 'mod i ynghlwm â'r cynllun?

– Am fod gwaith y gwyddonydd yn debyg iawn i dy waith di.

– Dangosa'r gwaith i mi, meddai Paul. Camodd Ute at y cyfrifiadur a llwytho'r tudalennau perthnasol.

– Roedd Dr Roe yn cysylltu â ni drwy e-bost cyfrinachol, ac mi gawson ni gyfarwyddiadau pendant i beidio â gofyn unrhyw beth iddo am ei fywyd personol am resymau diogelwch. Ond ro'n i'n sicr mai ti oedd e.

Tynnodd Paul ei siaced a'i rhoi dros y gadair cyn dechrau darllen y gwaith, yn pwyso'i beneliniau ar y bwrdd a dal ei ddwylo dros ei glustiau.

– Sut wnaethoch chi osgoi cael eich lladd? gofynnodd Llinos yn dawel, a thywys Ute i ffwrdd o'r bwrdd a gadael i'w chymar ganolbwyntio ar ei waith.

– Cefais help... gan fy ffrind, atebodd Ute.

– Pa ffrind? gofynnodd Llinos, a oedd yn amau diniweidrwydd Ute.

– Martina. Mae hi'n hanu o Brâg yn wreiddiol. Hi berswadiodd fi i adael fy fflat yn Munich rhag ofn i bwy bynnag a laddodd Gerd a Gene Diffring geisio fy lladd i. Hi ddarbwyllodd fi i godi'r unig brototeip o'r drôn o fy labordy ym Mhrifysgol Munich i wneud yn siŵr na fyddai unrhyw un arall yn cael gafael arno. A hi ddwedodd wrtha i i beidio â chysylltu â neb, a pheidio â gadael ei fflat yn Munich nes iddi hi gysylltu â fi.

– Ai hi ddwedodd wrthoch chi i anfon yr e-bost yn gofyn i Paul ddod i angladd Gerd Maier? gofynnodd Llinos.

Amneidiodd Ute ei phen. – A hi wnaeth yn siŵr hefyd fod Paul yn derbyn y neges ysgrifennais i ar ei gyfer yn nhe angladd Gerd.

Crychodd Llinos ei thalcen gan feddwl yn ddwys am dystiolaeth Ute. Dechreuodd syniad gronni yn ei phen.

– Pryd ddaethoch chi 'ma?

– Rwy wedi bod yn aros yn fflat Martina yn Munich nes iddi ddod â fi i fan hyn yn ei char dros nos neithiwr. Mae'r fflat yn berchen i fodryb iddi… sydd ar ei gwyliau yn Bohemia ar hyn o bryd. Mi fydd Martina 'nôl yn y man. Newydd fynd allan mae hi… mi wnaethoch chi ei phasio hi ar y grisiau mae'n siŵr, meddai Ute.

– Naddo. Aeth neb heibio inni ar y grisiau.

– Mi ddefnyddiodd hi'r lifft felly.

– Ond dyw'r lifft ddim yn gweithio.

– Od. Roedd e'n gweithio awr yn ôl pan ddes i 'nôl o Sgwâr Wenceslas.

– Ie, od yn wir, meddai Llinos yn edrych o gwmpas y fflat, oedd yn llawn celfi nodweddiadol o rywun yn ei chwedegau neu saithdegau. – Ydy Martina yn un o'r lluniau hyn? Pwyntiodd at y lluniau teuluol oedd ar silff yng nghefn yr ystafell a sylweddoli bod ei bys yn crynu. Gwyddai nad oedd rhywbeth yn taro deuddeg. Teimlai ei bod mewn perygl.

– Dwi ddim yn siŵr, meddai Ute a bwrw golwg brysiog dros y lluniau. – Na, dyw hi ddim 'na, meddai ar ôl rhai eiliadau.

Cododd Paul ei ben.

– Oes gen ti ffon gof? gofynnodd yn gyflym. Cerddodd Ute ar draws yr ystafell, tynnu'r teclyn allan o ddrôr yn y ddesg a'i roi iddo. Ymhen dim roedd wedi lawrlwytho'r holl waith i'r ffon gof. Erbyn hyn roedd wedi dod o hyd i'r broblem a achosai ansawdd gwael lluniau'r drôn. Ond beth oedd yr ateb i'r broblem oedd yn drech nag ymdrechion Ute a gweddill y gwyddonwyr, gan gynnwys Dr Richard Roe? Serch hynny, nid hwn oedd yn ei boeni wrth iddo godi'n araf o'r gadair â'i ben yn troi.

– Oes gen ti unrhyw syniadau? gofynnodd Ute.

– Am beth? Ceisiodd Paul ddod ato'i hun ar ôl derbyn sioc fwyaf ei fywyd.

– Y cynllun drôn, wrth gwrs.

– Dwi'n meddwl bydd y broblem yn weddol rwydd i'w datrys, meddai Paul yn uchel heb feddwl.

– Beth sy'n bod? Ti'n welw iawn... fel 'set ti wedi gweld... dechreuodd Llinos gan ddal llygaid Paul oedd yn cronni gyda dagrau.

– ...ysbryd, sibrydodd Paul yn ddistaw. – ... amhosib... ond eto... does dim esboniad arall, ychwanegodd a dod allan o'i lesmair mewn fflach a throi at Ute.

– Does dim amser gyda ni i weithio ar y cynllun nawr, meddai. Roedd ganddo amheuon mawr o hyd ynghylch cyfrannu at y gwaith o greu dyfais fyddai'n lladd pobl, ond byddai'n rhaid iddo ystyried hyn rywbryd eto. – Ute, rwy'i am iti anfon e-bost at y gwyddonydd sy'n arwain y cynllun... yn dweud fy mod i 'da ti.

– Ond dwedodd Martina na ddylen i ddefnyddio'r we na'r e-bost ar ôl i fi anfon y neges e-bost atat ti ynghylch München... rhag ofn i'r bobl a laddodd Gerd ddod o hyd i mi.

– Anfon e nawr!

– Ond beth os nad yw'r gwyddonydd yno?

– Mi fydd e 'na. Mae wedi bod yn disgwyl inni gysylltu ers imi gyrraedd Munich.

Teipiodd Ute'r cyfeiriad e-bost ar ei chyfrifiadur ac anfon y neges. Hanner munud yn ddiweddarach daeth yr ymateb.

– Mae am iti brofi mai ti sy 'ma a dy fod ti'n ddiogel, meddai Ute.

– Gad imi ymateb, meddai Paul gan ddarllen y neges ar y sgrin cyn teipio'r ateb yn Gymraeg. – Paul Price sydd 'ma. Fy hoff gwrw yw Speckled Hen a dwi ddim yn hoffi cerddoriaeth Frank Zappa. Beth ddylen i neud? Ble wyt ti?

Ugain eiliad yn ddiweddarach daeth yr ymateb.

– Os mai ti yw e mi wnei di ddatrys y pos cerddorol hwn fel y gwnest ti yn Sir Benfro. A Bb G E C Bb E A, darllenodd Paul cyn troi at Ute a Llinos, oedd yn pwyso dros Paul i ddarllen y neges.

Ysgrifennodd y nodau'n gyflym ar ddarn o bapur a'i roi yn ei boced.

– Pam na fydde'r gwyddonydd wedi dweud wrthot ti'n uniongyrchol ble mae e? A phwy yw e? gofynnodd Llinos. Trodd Paul i'w hwynebu. Gwelodd honno fod ei chymar yn gwenu ond bod ei lygaid yn llawn dagrau. – Am nad yw'r Athro Mansel Edwards am i bwy bynnag fydd yn darllen y neges yn fy nghwmni wybod ble mae e, atebodd.

– Mansel? Ond cafodd Mansel ei ladd gan Tom yn Aberystwyth, ebychodd Llinos.

– Na... Llinos. Mi ddwedodd Tom ei fod wedi lladd Mansel...

– ... ond roedd y newyddion ar *Wales Today*. Welais i'r eitem ar y rhaglen newyddion.

– Mae'n amlwg bod MI5 wedi bod yn drylwyr iawn er mwyn i bawb feddwl bod Mansel wedi marw. Mae'n debyg fod honiad Tom iddo fod yn gweithio i MI5 drwy'r adeg yn wir... ac roedd ar fin dweud wrtha i fod Mansel yn dal yn fyw pan wnest ti ei daro'n anymwybodol, meddai Paul cyn troi at Ute.

– Pwy sy'n gwneud dy wallt di, Ute?

– O Paul... nid nawr yw'r amser i boeni am wallt... anghofia am *Cutie Curls,* meddai Llinos cyn i Paul ymyrryd.

– Wyt ti'n nabod rhywun arall sy'n defnyddio'r un steilydd?

– Neb... heblaw am Martina.

– Pwy yw Martina?

– Fy nghariad... ers tri mis, atebodd Ute.

– Cariad! ebychodd Llinos. Crychodd ei thalcen a chlosio at

Paul. – Ond pam na ddwedest ti? Ro'n i'n meddwl dy fod ti ac Ute... meddai, gan hanner cau ei llygaid. – Ddwedest ti ddim byd er mwyn fy nghythruddo i... a 'ngwneud i'n genfigennus, y diawl dan din.

– Yn yr un ffordd ddwedest ti ddim byd wrtha i am y celwydd 'mod i wedi cael *nervous breakdown*, atebodd Paul. Trodd at Ute.

– Ble mae Martina nawr? gofynnodd, ond cyn i Ute gael cyfle i ateb, clywodd y tri ddrws y fflat yn agor yn araf. Camodd Paul yn gyflym at y gliniadur a dileu'r negeseuon roedd wedi'u hanfon a'u derbyn gan Mansel Edwards. Trodd yn disgwyl gweld Carla'n sefyll o'i flaen â dryll yn ei llaw.

Ond nid Carla oedd yn sefyll yno.

– Ble mae hi? Edrychodd Tom o amgylch yr ystafell yn wyllt.

– Pwy? gofynnodd Llinos

– Carla.

– Pwy yw Carla? ychwanegodd Ute.

– Dy gariad. Y fenyw ti'n ei hadnabod fel Martina, esboniodd Paul.

– Mae'n rhaid ichi ddod gyda fi nawr, meddai Tom.

– Pam ddylen ni dy gredu di? gofynnodd Llinos.

– Am na wnes i ladd Mansel Edwards. Mae e'n ddiogel... ac rwy'i am fynd â chi i rywle diogel... cyn i'r pedwar ohonon ni ddychwelyd i Brydain heno.

– Rwy'n gwybod bod Mansel yn ddiogel... ond wnaethoch chi geisio fy lladd i a Llinos ym Mhwllderi. Pam ddylen ni'ch trystio chi, Tom? gofynnodd Paul gan ddiffodd y cyfrifiadur.

– Gwrandewch. Ro'n i'n gweithio i MI5 drwy'r amser. Cefais gynnig i weithio i'r cwmni amlwladol oedd dan ddylanwad Rwsia, ond mi ddwedais i'r cyfan am y cynnig hwnnw wrth fy meistri yn MI5.

– Gan gynnwys Bond? gofynnodd Paul.

– Gan gynnwys y swyddog ry'ch chi'n ei adnabod fel Bond. Ta beth… penderfynon ni greu uned y tu mewn i MI5 ar gyfer cynlluniau cyfrin. Roedd yn gyfle inni ddarganfod pwy oedd yn fodlon ein bradychu ni a chymryd punt y gynffon…

– Pobl fel Jean a Bob Runcie… awgrymodd Llinos.

– … yn hollol… a Rod Thomas, meddai Tom.

Erbyn hyn roedd llygaid Paul, Llinos ac Ute wedi troi i edrych dros ysgwydd Tom a gweld rhywun yn sefyll wrth y drws. – Mae'n rhaid ichi fy nghredu… does dim llawer o amser 'da ni… dechreuodd. Ond cyn iddo gael cyfle i ddweud mwy clywyd gwn yn cael ei danio. Cwympodd i'r llawr.

– Llai o amser nag oeddet ti'n meddwl. *Guess who?* Ie. Bagpuss, meddai Carla. Camodd dros gorff celain Tom, oedd wedi ei saethu deirgwaith yn ei gefn, a cherdded i ganol yr ystafell gan ddal y dryll yn ei llaw dde.

– Nawr ry'ch chi'n gwybod ei fod yn dweud y gwir. Anelodd y gwn tuag at Paul, Llinos ac Ute.

Safodd Llinos yn ei hunfan yn syllu ar y corff. Lledodd yr euogrwydd drwyddi am ymosod ar Tom ar y trên. Caeodd Paul ei lygaid gan geryddu ei hun. Pe na bai wedi amau fod hwnnw yn dweud y gwir yn Pilsen a ffoi rhagddo byddai'r ysbïwr dal yn fyw. Edrychodd Paul a Llinos ar ei gilydd am eiliad gan wybod eu bod yn rhannol gyfrifol am farwolaeth Tom. Gwyddai'r ddau mai'r unig ffordd i wneud yn iawn am hyn oedd sicrhau na fyddai ei ymdrechion i'w gwarchod yn ofer.

– Martina… dwi ddim yn deall… mi wnest ti achub fy mywyd, meddai Ute yn anghrediniol, wrth iddi ddechrau deall bod ei chariad wedi'i bradychu.

Gwenodd Carla'n gam cyn gorfodi'r tri i eistedd ger ei gilydd ar soffa ryw bum llath o'i blaen. – Ry'n ni wedi clywed a gweld pob dim sydd wedi digwydd fan hyn, diolch i'r meicroffonau a'r camerâu cudd sydd wedi'u gosod yma. Y cyfan oedd yn rhaid inni wneud oedd aros yn y fflat drws nesa ac aros i Tom gyrraedd, meddai.

– Dyna pam wnaethon ni mo'ch gweld chi'n gadael yr adeilad, meddai Llinos, wrth i Rhodri ymuno â nhw yn yr ystafell.

– Rwy'n ffyddiog i Tom fod ar ei ben ei hun. Tynnodd hwnnw ddryll o'i boced.

– Felly mae Mansel Edwards yn dal yn fyw... ac yn rheoli'r cynllun drôn. Y ffon gof os gwelwch yn dda, Dr Price, cyfarthodd Carla. Tynnodd Paul y teclyn o boced ei drowsus, cyn i Rhodri gamu draw a'i gymryd oddi arno.

– Wrth gwrs do'n i ddim wedi f'argyhoeddi'n llwyr mai ti oedd y gwyddonydd oedd yn arwain y cynllun drôn pan geison ni dy herwgipio di, Paul, meddai Carla cyn i Llinos ymyrryd.

– ... a gwneud cawlach o bethau.

Gwenodd Carla'n sur arni heb yngan gair cyn troi at Paul.

– Ro'n i'n amau bod Mansel Edwards yn dal yn fyw am i Ute ddweud bod gwaith y gwyddonydd oedd wedi cymryd ei le'n debyg i dy waith di a'r Athro Edwards. Os felly, roedd yn rhaid i mi gael gwybod ai ti, Paul, oedd yn rheoli'r cynllun...

– ... a chyn gynted ag y byddet ti'n gwybod nad fi oedd yn gyfrifol mi fyddet ti'n gwybod bod Mansel dal yn fyw, meddai Paul, yn anesmwyth ar y soffa.

– Cywir, atebodd Carla.

– ... ac mi fyddai hynny'n awgrymu i Tom fod yn gweithio i MI5 o'r dechrau a'i fod wedi esgus lladd Mansel Edwards, meddai Llinos.

– Da iawn. Dy'ch chi ddim mor dwp â hynny wedi'r cyfan, meddai Carla, gan weld Llinos yn dechrau codi o'r soffa.

– Eisteddwch i lawr, Burns, gwaeddodd Rhodri ac anelu ei ddryll at ben Llinos.

– Wrth gwrs, ro'n i'n weddol sicr mai Tom oedd wedi dweud wrth MI5 ble roeddech chi, Burns, yn cael eich dal gan y bobl ry'ch chi'n eu hadnabod fel Jean a Bob Runcie, wedi i chi gael eich herwgipio, meddai Carla.

– Ond roedd Tom am ein lladd ni ym Mhwllderi, meddai Paul gan grychu'i dalcen.

– *Realpolitik,* Paul. Ar y pryd doedd Tom na MI5 yn meddwl dy fod ti'n ddigon pwysig i gael dy warchod. Rhaid fod Mansel Edwards wedi dweud wrthyn nhw nad oeddet ti'n bwysig i'r gwaith, er mwyn dy ddiogelu, heb sylweddoli ei fod wedi dy roi di mewn hyd yn oed mwy o berygl. Ond bu'n rhaid i MI5 dy ddefnyddio di i wneud yn siŵr bod y gwaith yn cael ei gwblhau, ac er mwyn dod o hyd i Ute Fischer a'r prototeip o'r drôn. Closiodd Carla at Paul. –... wrth gwrs, pan fethon ni â dy herwgipio di yn Ballybunion, mater bach oedd hi imi berswadio Ute i anfon neges e-bost atat yn gofyn iti ddod i angladd Gerd Maier yn Munich... a'i chael i ysgrifennu neges arall ar dy gyfer yn nhe angladd Gerd Maier.

– Ond mi strywiodd Otto Grünwald dy gynllun i'm herwgipio i yn Munich, on'd do? meddai Paul.

– Rwy'n cyfaddef i ymddangosiad Otto Grünwald ddrysu'r cynllun am gyfnod, ond yn ffodus, ro'n i wedi creu cynllun wrth gefn i dy ddenu'n bellach i'r dwyrain, i Brâg, petai'r un cyntaf yn methu... a gyda help Rod ry'n ni wedi llwyddo, ychwanegodd Carla. Tynnodd allwedd o'i phoced a throi at Rhodri.

– Well iti gloi drws y fflat, meddai.

– Beltiau a bresys... fel fyddai Tom yn dweud, atebodd

Rhodri a throi ar ei sodlau a chamu dros gorff Tom. Ond cyn iddo gerdded gam ymhellach, clywodd lais yn dweud.

– Ers pryd mae'r diawl bach 'ma wedi bod yn fradwr?

Trodd Rhodri yn ôl i wynebu Llinos a edrychai'n heriol ar yr ysbïwr ifanc.

– Cefais fy nhroi gan Tom yr un pryd â Bob a Jean Runcie. Dyw hanner can mil y flwyddyn ddim yn ddigon o arian i fod yn deyrngar i'ch gwlad, yn enwedig os y'ch chi'n chwilio am becyn ymddeol ychydig yn fwy hael na'r un roedd Llywodraeth Ei Mawrhydi'n ei gynnig, meddai Rhodri.

– A beth oedd dy wendid bach di tybed? gofynnodd Llinos.

– Roedd y syniad o ennill swm sylweddol o arian fyddai'n caniatáu imi brynu darnau celf chwaethus yn ormod o demtasiwn rwy'n ofni... yr un fath â Syr Anthony Blunt mewn oes wahanol.

– Beth sy'n mynd i ddigwydd i ni nawr? gofynnodd Paul.

– Dy'n ni ddim yn gwybod ble mae Mansel Edwards, ategodd Llinos yn gyflym.

Chwarddodd Carla. – O, Llinos. Dwyt ti ddim yn deall, wyt ti? Dyw Mansel Edwards ddim yn bwysig. Does dim ots ble mae Mansel Edwards, meddai gan droi at Paul.

– Mi fethodd Edwards, Diffring, Maier a Fischer â chwblhau'r cynllun drôn am nad oeddet ti'n rhan o'r gwaith. Rwy'n ofni y bydd yn rhaid iti ddod gyda ni i Rwsia os wyt ti am gwblhau'r cynllun. Wedi'r cyfan, oes ots pwy sy'n elwa os lwyddi di i brofi taw ti yw'r gorau yn dy faes? Beth yw dy benderfyniad, Paul? gofynnodd Carla, wrth iddi hi a Rhodri godi cliciedau eu gynnau.

Safodd Paul yn fud am eiliad wrth i Carla anelu ei dryll at Ute.

– Os dwi'n cytuno, wyt ti'n addo peidio â lladd Ute a Llinos? gofynnodd Paul.

Trodd Carla gan anelu'r dryll at ben Llinos.

– Carla! Rwy'n erfyn arnot ti, gwaeddodd Paul.

Gwenodd. – Os oes raid. Dyna fy ngwendid i. Mae'r ymennydd wastad wedi rheoli fy nghalon, atebodd Carla a gostwng y dryll.

– Ond, Paul... na. Fe fyddi di'n bradychu popeth rwyt ti'n credu ynddo... dechreuodd Llinos.

Gyda hynny clywyd cnoc ar y drws.

– *Halo... halo... dodání pro Lukáš Konečný... dodání pro Lukáš Konečný*, gwaeddai llais o'r tu allan, yn eu hysbysu bod gan y cludwr nwyddau ar gyfer Lukáš Konečný.

– Dim siw na miw, ysgyrnygodd Carla yn closio at y tri.

– Damio. Mae'r drws heb ei gloi, sibrydodd Rhodri wrth iddynt glywed sŵn y drws yn agor.

– *Halo... halo... dodání pro Lukáš Konečný*, galwodd y dyn unwaith eto.

– Cer i gael gwared arno. Mae'n amlwg ei fod wedi dod i'r fflat anghywir. Dy'n ni ddim eisiau unrhyw drafferth, meddai Carla wrth i Rhodri adael yr ystafell, cau'r drws ar ei ôl a cherdded at fynedfa'r fflat.

Clywodd pawb y dyn yn dweud – *Halo... halo... dodání pro Lukáš Konečný*, unwaith eto cyn i bopeth fynd yn dawel.

– *Děkuji mnohokrát*, meddai'r llais a chlywyd y drws yn cau ar ei ôl. Ond ni ddychwelodd Rhodri.

– Rhodri... Rhodri? gwaeddodd Carla cyn troi i agor y drws. Eiliad yn ddiweddarach roedd Llinos wedi taflu'r cerflun o Hieronymous Bosch ati gan daro'i llaw a gwneud iddi ollwng y dryll. Cyn i Carla gael cyfle i godi'r dryll daeth rhywun i mewn trwy'r drws a'i tharo'n anymwybodol â'i ddwrn. Gwelodd Paul a Llinos mai Liam Burns oedd hwnnw.

– Sut?...Beth? meddai Paul yn gegagored.

– Dwyt ti ddim yn haeddu fi, Paul Price. Rhedodd Llinos heibio ei chymar.

– Mas o 'ma gloi, gwaeddodd Liam. Cipiodd Llinos ac Ute y gliniadur, y nodiadau a'r drôn oddi ar y bwrdd a dechrau dilyn. Camodd Paul ar draws yr ystafell a chymryd y ffon gof o law chwith Rhodri, cyn cymryd gynnau Rhodri a Carla a'u rhoi ym mhocedi ei drowsus.

Cododd y got roedd wedi'i dwyn gan Tom yn Pilsner o'r gadair a chamu at gorff celain yr ysbïwr. Plygodd a'i rhoi drosto'n dyner.

– Dere mlân, gwaeddodd Llinos.

– Beth oedd dy gynllun di, Tom? sibrydodd Paul, yn codi ac ymuno â'i gymar yng nghoridor y fflat. Gwenodd Llinos arno a rhoi sws glec ar ei foch cyn i'r ddau ddilyn Ute a Liam i'r lori wedi'i pharcio y tu allan i'r fflatiau.

III

Rheol 2:
Yr unig ganlyniad posib fydd colli'r gêm

1.

– Mi fuon ni'n aros amdanat ti am oesoedd, Liam. Pam gymerest
ti mor hir i gyrraedd? Mae pencadlys Škoda ym Mladá Boleslav
lai nag awr i ffwrdd, ceryddodd Llinos ei chefnder, cyn ei
gusanu ar ei arlais, wrth i hwnnw yrru'r lori ar hyd y briffordd
allan o Brâg.

Roedd Liam wedi dilyn cyfarwyddiadau Llinos i'r gair ar ôl
iddi ffonio'i chefnder tra roedd hi a Paul yn cerdded i fflat Ute
Fischer ddwy awr ynghynt. Gwyddai o'i gwaith gweinyddol
â chwmnïau teulu'r Burns y byddai Liam yn dechrau ar ei
daith yn cludo ceir yn ôl o'r Weriniaeth Tsiec y prynhawn Sul
hwnnw. Awgrymodd y dylai ef esgus ei fod yn dosbarthu pecyn
i'r fflat, fel y byddai'n gwybod bod Llinos mewn perygl os nad
hi fyddai'n ymateb.

– Dwyt ti ddim wedi colli dy ddoniau cwffio. Mi gnociaist
ti'r ddau allan yn syth, meddai Llinos.

– Ond ro'n i'n meddwl dy fod ti'n methu ymladd ers iti
niweidio dy law dde, meddai Paul, a eisteddai rhwng Llinos ac
Ute yng nghaban y lori.

– Do'n i ddim yn gallu ymladd am nad o'n i'n gallu amddiffyn
fy hun â fy llaw dde… ond rwy'n *southpaw*… dwi dal yn gallu
colbo â'r gorau gyda fy llaw chwith, meddai Liam.

– A phryd ddysgoch chi'r iaith Tsiec? gofynnodd Ute.

– … dwi wedi bod yn teithio 'ma ers blynyddoedd ac wedi
treulio nosweithiau di-ri yng nghwmni pobl y wlad, atebodd
Liam.

– Beth wnawn ni nawr? ychwanegodd Ute, oedd yn ceisio
dygymod â'r gwir ei bod wedi cael ei thwyllo'n llwyr gan ei
chariad.

– Alla i ddim trystio neb… heblaw am Mansel… mae'n rhaid
inni ddod o hyd iddo, atebodd Paul, a deimlai'n benysgafn wrth

148

ymgodymu â chymysgedd o deimladau: y tristwch o weld Tom yn cael ei ladd; y rhyddhad o fod yn dal yn fyw; y gorfoledd o wybod bod Mansel Edwards heb farw; y wefr o gael cyfle i gwblhau y cynllun drôns a'r ofn am oblygiadau angheuol y cynllun.

– Ond sut wnawn ni hynny? Wyt ti wedi datrys y cliw cerddorol roddodd e i ti? gofynnodd Llinos, a wyddai na fydden nhw'n ddiogel tan iddynt ddod o hyd i fentor Paul.

– Nadw... ond dwi'n nabod dau gerddor all wneud hynny, meddai Paul cyn i Liam dderbyn ei gyfarwyddyd i lywio'r lori tuag at draffordd yr E50 fyddai'n eu tywys i'r Almaen.

2.

Pedair awr yn ddiweddarach eisteddai Liam, Paul, Llinos ac Ute wrth fwrdd mewn caffi ar yr Autobahn, ger tref Wolnzach, deugain milltir i'r gogledd o Munich.

Roedd caffi Der Lastwagenfahrer yn llawn gyrwyr lorïau o bob cwr o Ewrop yn trafod eu hanturiaethau diweddaraf wrth iddynt gludo blodau o archfarchnadoedd Amsterdam i Vienna; orenau o lwyni Seville i Tallinn; neu, fel Liam Burns, ceir Škoda o Mladá Boleslav i Ballybunion.

Gadawodd Liam ei gyd-deithwyr am gyfnod pan welodd yrrwr arall roedd yn ei adnabod, Gwyddel o'r enw Connor O'Feaolain oedd yn cludo cwrw Pilsner o'r Weriniaeth Tsiec i Iwerddon y noson honno.

Roedd Paul a Llinos eisoes wedi gorfodi Ute i ddiosg ei dillad a'u gadael ar ochr y ffordd cyn iddyn nhw adael Prague, rhag ofn bod Carla wedi gosod tag arnyn nhw. Gwisgai Ute ddillad sbâr roedd Liam Burns wedi'u pacio ar gyfer ei siwrnai. Bu'r daith yn un ddidrafferth a chyrhaeddon nhw wasanaethau'r

Autobahn toc cyn saith y noson honno. Tra roedd Liam yn siarad â'i ffrind yng nghornel y caffi roedd dau berson arall wedi ymuno â Paul, Llinos ac Ute.

Roedd Otto Grünwald a Lotte Spengler wedi dechrau ar y daith awr o hyd o'u cartref yn Munich yn dilyn sgwrs fer ar ffôn y caffi gyda Paul. Edrychodd y ddau ar y rhes o nodau roedd Paul wedi'u hysgrifennu ar napcyn.

– A Bb G E C Bb E A, adroddodd Otto y nodau'n unigol wrth i Lotte eu hwmian yn dawel i geisio adnabod y gerddoriaeth.

– Na, mae'n anghyfarwydd i mi. Alla i ddim meddwl am unrhyw dôn sy'n cynnwys y *leitmotif* yma, meddai Lotte.

– All e fod yn rhan o gryptogram o ryw fath? Cosodd Paul ei ên.

– Mae'n bosib. Mi ddefnyddiodd nifer o gyfansoddwyr lythrennau eu henwau mewn darnau o gerddoriaeth... yr enwocaf ohonynt oedd Bach... wrth gwrs, esboniodd Otto.

– Rwy'n deall y llythrennau B, A ac C... ond beth am y llythyren H yn enw Bach? gofynnodd Llinos gan grychu ei thalcen.

– Mae'r system nodiant Almaeneg yn defnyddio'r llythrennau A i H. Felly mae'r llythyren B yn cael ei dynodi gan y nodyn Bb, meddai Otto.

– ... ac mae'r llythyren H yn cael ei dynodi gan y nodyn B, ategodd Lotte yn edrych unwaith eto ar y rhestr o nodau.

– Ond beth am weddill llythrennau yr wyddor... I, J, K, L ac yn y blaen? gofynnodd Ute.

– Mae hynny'n syml. Ry'ch chi'n ysgrifennu'r llythrennau A i H mewn rhes a rhoi'r llythrennau I i P mewn rhes o dan y rhes gyntaf, yna'r llythrennau Q i X yn y drydedd rhes, ac Y a Z yn y rhes olaf. Wedyn rydych chi'n ceisio creu synnwyr o'r nodau drwy eu hamnewid â llythyrau'r wyddor sy'n cyfateb iddynt yn y golofn o resi. System brofi a methu, atebodd Otto.

– Os felly byddai'r nodau hyn yn golygu… Cnoiodd Lotte ei gwefus am rai eiliadau, cyn gwenu a chodi'i phen i edrych ar Paul.

– Ydy ABEBHGBDB yn golygu unrhyw beth i chi? gofynnodd.

– Na. Dim byd, atebodd Paul.

– Ond mae'r wyddor Gymraeg yn wahanol i'r Saesneg, meddai Llinos gan ddechrau ysgrifennu'r llythrennau'n gyflym ar ddarn o napcyn papur a'i roi i Lotte. Hanner munud yn ddiweddarach cododd Lotte'r napcyn yn orfoleddus.

DER LASTWAGENFAHRER

Nodau	A	Bb	C	D	E	F	G	B
Llythyrau	(A)	(B)	C	Ch	D	Dd	(E)	F
	FF	G	Ng	H	I	L	Ll	M
	N	(O)	(P)	Ph	(R)	Rh	S	T
	(Th)	U	W	Y				

– Beth am Aberporth?

Gwenodd Paul.

– Dyna ble mae maes arbrofi systemau awyrol di-griw'r Weinyddiaeth Amddiffyn... un o ganolfannau profi dronau Prydain... a dwi'n siŵr taw dyna lle mae Mansel Edwards wedi bod wrthi'n gweithio ers iddo *farw* ym mis Ebrill. Cofleidiodd Otto a Lotte a diolch iddyn nhw am eu help.

Ar ôl i Otto a Lotte adael, ymunodd Paul, Llinos ac Ute â Liam a'i ffrind, Connor O'Feaolain yng nghornel y caffi.

Pum munud yn ddiweddarach, roeddent wedi dechrau ar eu taith o'r Almaen i Aberporth.

3.

Daeth Carla ati ei hun tua ugain munud ar ôl i Paul, Llinos ac Ute ffoi yng nghwmni Liam Burns o'r fflat ym Mhrâg. Llwyddodd i ddeffro Rhodri o'i lewyg cyn i'r ddau drafod beth i'w wneud nesaf.

– Pwy oedd y dyn fwrodd fi? Weles i mo'r ergyd yn dod tan yr eiliad olaf, meddai Rhodri gan godi'n araf ar ei draed.

– Roedd ganddo acen Wyddelig. Mae'n amlwg ei fod yn aelod o deulu Llinos Burns neu'n ffrindiau gyda nhw, atebodd Carla.

– Ti'n iawn. Mi ddarllenais i wybodaeth gefndir MI5 am Llinos Burns. Mae un o'i chefndryd hi... Liam Burns... dwi'n credu... yn cludo ceir Škoda i Iwerddon.

Cododd Carla'r ffôn i gysylltu â'i meistri, ac ar ddiwedd yr alwad trodd at Rhodri. – Mae'n debyg bod Liam Burns yn cludo ceir Škoda i Iwerddon heddiw ac mi fydd yn croesi i Brydain ar y fferi o Calais am hanner nos, meddai.

– Beth wnawn ni?

– Bydd rhywun yn dod i'r fflatiau hyn i gael gwared ag unrhyw dystiolaeth a symud corff Tom ymhen yr awr. Rwyt ti'n dal i weithio i MI5… a ti oedd unig gyswllt Price a Burns gyda gwasanaethau cudd Prydain. Rwy'n argymell dy fod ti'n ffonio unrhyw gysylltiadau sydd gen ti yn Calais i atal lori Liam Burns rhag croesi i Brydain, cyn i MI5 amau bod Tom wedi cael ei ladd.

– A beth wedyn?

– Rwy'n credu dy fod ti'n gwybod yr ateb i'r cwestiwn yna. Rwy'i wedi trefnu hofrennydd i dy gludo yno mewn digon o amser i atal y pedwar rhag croesi'r Sianel i Brydain, meddai Carla.

– A ble fyddi di?

Gwenodd Carla.

– Does dim rhaid iti wybod popeth. Syllodd ar declyn roedd hi newydd ei dynnu o boced ei chot. – Fel roedd Tom yn arfer ei ddweud… beltiau a bresys, Rod.

4.

Treuliodd Ute y rhan fwyaf o bedair awr nesaf y daith yn cysgu. Yn ystod yr amser hwnnw, bu Llinos wrthi'n chwarae â'r drôn oedd gan Ute, yn dysgu sut i symud a llywio'r ddyfais arbrofol.

– Mae'n weddol rwydd… yn enwedig i rywun sy'n hen law ar chwarae gemau ar yr Xbox 360. Llwyddodd i lywio'r drôn uwchben Paul cyn ei symud i gosi'i drwyn.

– A wnei di roi'r gorau iddi, plis? Rwy'n ceisio meddwl, meddai Paul. Ymhen hanner awr roedd Llinos hefyd yn cysgu'n dawel, wrth i'r lori deithio'n gyflym ar hyd priffyrdd Ffrainc. Cafodd Paul y tawelwch oedd ei angen arno i ystyried sut y gallai ddatrys y broblem a gwella ansawdd llun y drôn.

Roedd Rhodri wedi hen gyrraedd Calais erbyn i Liam Burns ymuno â'r ciw hir o lorïau oedd yn aros i fynd ar y fferi o Calais i Dover.

Bu'r broses o fyrddio'r fferi'n un llafurus dros y blynyddoedd diwethaf wrth i fwy a mwy o ffoaduriaid guddio ar ben, o dan, neu y tu mewn i'r lorïau oedd yn teithio i Ynysoedd Prydain. Ymhen hir a hwyr cyrhaeddodd Liam flaen y ciw. Ond cafodd sioc pan welodd dros ugain o swyddogion â drylliau yn amgylchynu'r lori. – Beth yw'r broblem? gwaeddodd, gan neidio o'i gaban i wynebu swyddog oedd yn parablu yn Ffrangeg â dyn arall. Trodd hwnnw i'w wynebu.

– Noswaith dda, Mr Burns, meddai Rhodri'n gwrtais yn Saesneg, gyda gwên ffug ar ei wyneb. Rhoddodd ei law ar ei ên i ddangos ei fod yn gwybod mai Liam oedd wedi'i daro rhai oriau ynghynt. Closiodd ato – Ble maen nhw? gofynnodd, tra bod gweddill y swyddogion yn dechrau chwilio'r lori'n drwyadl.

Ond roedd gwên Rhodri wedi diflannu ugain munud yn ddiweddarach, pan sylweddolodd nad oedd Paul, Ute, na Llinos yn cuddio yn y lori, na'r un o'r naw Škoda oedd yn cael eu cludo ar y cerbyd. – Ble uffern maen nhw? gwaeddodd, wrth i Liam edrych arno'n ddiniwed.

5.

Roedd Paul, Llinos ac Ute newydd gyrraedd porthladd St Malo mewn lori oedd yn cludo miloedd o boteli o Pilsner, diolch i ffrind Liam, Connor O'Feaolain.

Roedd y tri'n dal i gysgu pan ganodd ffôn Connor.

– Popeth yn iawn, Liam? gofynnodd.

– Does dim cliw ganddyn nhw beth sydd wedi digwydd. Pob lwc ar dy daith, meddai Liam yn diffodd y ffôn, cyn gyrru ei lori ymlaen i'r fferi gan wenu. Roedd yn hynod falch ei fod wedi gallu helpu i oresgyn gelynion Paul a Llinos.

Ond roedd Rhodri hefyd wedi clywed y sgwrs ffôn rhwng Liam a Connor, am ei fod wedi gosod byg yng nghaban lori Liam tra roedd y cerbyd yn cael ei archwilio hanner awr ynghynt. Munud yn ddiweddarach roedd yn siarad â Carla ar ei ffôn symudol. – Ddwedodd Liam Burns na'r gyrrwr arall air am lle'r oedd Price, Burns a Fischer yn teithio, meddai.

– Paid â phoeni, Rod, ro'n i'n amau na fydden nhw yn Calais. Edrychodd Carla drwy ysbienddrych a gweld y lori oedd yn cludo'r tri i Brydain yn cael ei gyrru ar y fferi oedd yn hwylio o St Malo i Portsmouth.

Gwenodd, cyn camu i mewn i'r hofrennydd oedd wedi glanio ar fryn uwchben y porthladd awr ynghynt. – Mae Ute wedi gwneud ei gwaith yn dda, Rod. Dyma fydd ein cam nesaf.

6.

– Croeso 'nôl i Brydain, meddai Bond i gyfarch Paul. Safai Bond ac un o uwchgapteniaid y fyddin, Ian Towcester, o flaen pedwar milwr arfog ger mynedfa maes arbrofi'r Weinyddiaeth Amddiffyn ar y clogwyni uwchben pentref glan môr Aberporth yng Ngheredigion.

Edrychodd Paul dros ysgwydd Bond wrth i Llinos ac Ute Fischer ddisgyn o gaban lori Connor O'Feaolain. Gwelodd nifer o filwyr eraill yn gwarchod adeiladau'r maes arbrofi oedd wedi'i amgylchynu â ffensys uchel. Buasai systemau arfog yn cael eu datblygu yno gan y Weinyddiaeth Amddiffyn ers yr Ail

Ryfel Byd. Ond roedd yr MoD a'u partneriaid o'r sector preifat, QinetiQ, wedi defnyddio'r safle i arbrofi â dronau ar y safle yn ystod y ddegawd ddiwethaf.

– Efallai eich bod chi ym Mhrydain, Bond, ond dwi yng Nghymru, atebodd Paul cyn esbonio bod Tom wedi cael ei lofruddio ym Mhrâg.

Amneidiodd Bond ei ben gan fwmial. – Dyn dewr. Dyn dewr iawn.

Ond ni sylwodd Paul ar ymateb Bond am ei fod wedi gweld dyn oedrannus yn dod o brif adeilad y maes arbrofi a dechrau cerdded yn gyflym tuag atynt. Roedd Paul yn adnabod ystum y gŵr hwnnw, hyd yn oed ganllath i ffwrdd. Rhedodd tuag at ei ffrind yn gweiddi. – Mansel, ti'n fyw.

Roedd yn gyfarfyddiad emosiynol a chofleidiodd Paul ei hen fentor am eiliadau hir cyn i Mansel ei dywys i brif adeilad y maes arbrofi gyda'r ddau'n ceisio atal y dagrau rhag llifo i lawr eu bochau, heb lawer o lwc.

Trodd Llinos ac edrych i fyny ar Connor O'Feaolain yng nghaban y lori. – Ydych chi'n siŵr y byddwch chi'n iawn? gofynnodd cyn mynd ati i baratoi i deithio i Abergwaun cyn dal y fferi i Iwerddon y noson honno.

7.

Cydgerddodd Dr Paul Price a'r Athro Mansel Edwards mewn tawelwch ar hyd coridorau labrinthaidd y prif adeilad. Ymhen hir a hwyr cyrhaeddodd y ddau'r labordy lle bu Mansel yn gweithio dros y misoedd diwethaf. Roedd yr ystafell yn cynnwys bwrdd, gyda chyfrifiadur arno a chadair o'i flaen, a soffa hir, lle byddai Mansel Edwards yn gorwedd pan oedd am geisio datrys ambell i broblem wyddonol ddyrys.

Eisteddodd Mansel y tu ôl i'r bwrdd ac eisteddodd Paul ar y soffa a fu ar un adeg yn labordy'r ddau ym Mhrifysgol Aberystwyth.

– Roedd yn rhaid imi gadw'r soffa… rhywbeth oedd yn rhan o'm bywyd… cyn imi farw, meddai Mansel.

– Heb sôn am y pwysau papur Isaac Newton. Cododd Paul y cerflun efydd a arferai fod ar ddesg Mansel yn ei labordy ym Mhrifysgol Aberystwyth.

Chwarddodd Mansel. – Dim ond rhywbeth i'm hatgoffa mai sefyll ar ysgwyddau cewri mae pob un ohonom. Dyw'r teclyn ddim yn ddefnyddiol o gwbl.

– Yn fy mhrofiad i mae pwysau papur yn gallu bod yn ddefnyddiol iawn, atebodd Paul gan esbonio defnydd Llinos o bwysau papur Hieronymus Bosch.

Gwenodd Mansel. – Mae'n dda dy weld ti eto, Paul.

– Y tro diwetha inni fod gyda'n gilydd, roeddet ti'n gwisgo crys-T Captain Beefheart ac roedd gen ti lond pen o wallt gwyn. Beth ddigwyddodd i'r gynffon merlen? A pham wyt ti'n gwisgo sbectol a dillad parchus? Syllodd Paul ar y dyn penfoel a eisteddai o'i flaen mewn siwt a thei.

– Dim ond deugain milltir sydd rhwng Aberystwyth ac Aberporth. Roedd yn rhaid iddyn nhw newid fy ngolwg i rhag ofn i rywun oedd yn fy nabod ymweld ag Aberporth, a gweld dyn oedd i fod wedi marw. Disgynnodd cwmwl dros wyneb Mansel.

– Paul… mae'n flin gen i… ddwedais i wrth MI5 nad oeddet ti'n bwysig i waith y cynllun teledu er mwyn dy gadw'n ddiogel, heb sylweddoli fy mod wedi dy roi di mewn hyd yn oed mwy o berygl yn Sir Benfro, meddai.

– Alla i faddau iti am hynny Mansel. Camgymeriad. Ond beth alla i ddim maddau yw dy fod ti'n gweithio ar y cynllun drôn, meddai Paul.

– Doedd gen i ddim dewis. Mi wnaethon nhw achub fy mywyd i drwy ffugio fy marwolaeth.

– Gan roi fy mywyd i a Llinos mewn perygl unwaith eto. Mae 'na wastad ddewis, meddai Paul a sylwi nad oedd ei fentor wedi edrych arno wrth ymateb. Caeodd ei lygaid a synhwyro'r gwir. Ochneidiodd.

– Nid eu syniad nhw oedd y cynllun drôn, nagife? Pryd gest ti'r syniad?

Parhaodd i osgoi llygaid Paul.

– Pryd? Paid â dweud fy mod i wedi gweithio 'da ti ar y cynllun yn Aberystwyth heb wybod?

– Na. Dwi'n addo iti. Ges i'r syniad yn fuan ar ôl imi ddod i'r fan yma.

– Ond pam hyd yn oed dechrau arno? Rwyt ti'n... roeddet ti'n heddychwr.

– Bu'n rhaid imi wynebu'r dilema moesol sydd wedi poeni pobl ryddfrydol erioed. A fyddech chi'n lladd Hitler petaech chi'n cael y cyfle, gan achub bywydau miloedd os nad miliynau o bobl ddiniwed? Wel, mi gefais i'r cyfle i helpu i... niwtraleiddio Hitleriaid yr unfed ganrif ar hugain.

– Mae dy benderfyniad eisoes wedi achosi marwolaeth Gene Diffring, Gerd Maier a Tom. Faint o bobl eraill fydd yn gorfod marw?

– Ond, Paul, mae'r awydd greddfol i greu rhywbeth newydd yn rhan o DNA pob gwyddonydd, o Ptolemy i Newton i Einstein...

– Na, Mansel. Dim mwy o esgusodion. Dy *ego* ddenodd ti at y gwaith. Yn y pen draw gwyddonwyr, ac nid gwleidyddion, fydd yn gyfrifol am ddinistrio'r byd. A hynny oherwydd eu chwilfrydedd, nid eu diffyg moesau, meddai Paul. – Paid â hyd yn oed meddwl gofyn imi dy helpu i orffen y gwaith.

– Mae'n rhaid iti fy helpu i. Neu mi fydd marwolaethau Gene, Gerd a Tom yn ofer.

Bu tawelwch rhyngddynt am ychydig. Yna, cyrhaeddodd Llinos, Ute a Bond y labordy.

– Rwy'n credu y dylech chi ddatgelu'ch cynlluniau, Bond, a'r gwir y tro hwn os gwelwch yn dda, meddai Paul.

8.

Penderfynodd yr Uwch-gapten Ian Towcester osod pob un o'i sgwad o ugain milwr, heblaw amdano ef ac un swyddog signal, o amgylch ffiniau'r maes arbrofi y noson honno.

Roedd Preifat Malcolm Evans a Phreifat John Finch yn patrolio ardal orllewinol y maes pan glywodd Evans rywbeth. Anelodd ei ddryll at y llwyn o'i flaen.

– Na… does dim byd 'na, meddai Finch. Dere mlân.

Cerddodd y ddau ymlaen ddeg llath cyn clywed sŵn arall y tu ôl iddynt. Trodd y ddau ac anelu eu drylliau at bwy bynnag oedd yno, ond y cyfan a welsant oedd pâr o lygaid coch.

– Yr aderyn corff…, bloeddiodd Evans.

Ond cyn i'r ddau gael cyfle i saethu'r gwrthrych aeth popeth yn ddu.

★ ★ ★ ★

Dechreuodd yr Uwch-gapten Ian Towcester boeni pan fethodd â chysylltu â Phreifat Evans a Phreifat Finch o'i bencadlys ym mhrif adeilad y Weinyddiaeth Amddiffyn. Cynyddodd ei bryder funud yn ddiweddarach pan fethodd y swyddog signal â chysylltu ag unrhyw un o'r wyth pâr arall o filwyr oedd yn patrolio'r maes arbrofi.

– Dwi ddim yn deall pam nad yw'r systemau cyfathrebu'n gweithio, meddai'r swyddog signal, cyn troi a gweld dau lygad yn syllu arno ef a'r Uwch-gapten.

Rhewodd y swyddog gan fethu ag yngan gair. Trodd Towcester a gweld y ddau lygad dieflig yn rhythu arno yntau cyn iddo golli ymwybyddiaeth.

9.

Eisteddai Paul, Llinos, Mansel ac Ute o gwmpas y bwrdd yn y labordy wrth i Bond amlinellu ei gynllun o'r soffa.

– Rwy'n disgwyl i Dr Price a Dr Fischer gydweithio â'r Athro Edwards i gwblhau'r cynllun, meddai Bond. Tynnodd y ffurflen roedd Paul wedi'i harwyddo yn Nulyn o boced ei got.

– Dwi ddim yn siŵr fod gen i'r sgiliau angenrheidiol. Gafaelodd Paul yn dynn yn y ffon gof ym mhoced ei drowsus.

– Ond fe ddwedest ti y byddai'n weddol rwydd iti ddatrys y broblem, meddai Ute heb feddwl.

– Do fe wir? atebodd Bond gan chwerthin yn isel wrth droi at Paul. – Mae gennych chi ddau ddewis, Dr Price. Os cwblhewch chi'r cynllun 'weddol rwydd' hwn byddwn ni'n rhoi enwau newydd ac yn creu bywyd newydd i chi a Ms Burns, meddai ac anwesu'r ffurflen.

– Neu…? sibrydodd Paul.

– … neu ddewis peidio â chwblhau'r cynllun, ac o dan delerau eich cytundeb â Llywodraeth Ei Mawrhydi, gadewch imi weld, meddai Bond gan droi tudalennau'r ffurflen. – Ie… dyma ni, neu fynd i'r carchar am dorri'r Ddeddf Gyfrinachau Swyddogol am drosglwyddo cyfrinachau'r cynllun i'r Rwsiaid.

– Ond celwydd yw hynny. Dyw Paul ddim wedi dweud gair wrthyn nhw, taranodd Llinos.

Cododd Bond a chamu tuag ati.

– Os na fydd Dr Price yn cwblhau'r cynllun, bydd hynny'n gyfystyr â gadael i'r Rwsiaid achub y blaen. Dwi ddim yn siŵr am ba mor hir fydd Dr Price yn y carchar... deng mlynedd... pymtheng mlynedd efallai... ond yn ddigon hir i sicrhau na fyddwch chi ag ef yn creu gwyddonwyr newydd ar gyfer y dyfodol, Ms Burns.

– Gwranda arno fe, Paul. Alli di ddim ennill y gêm hon, meddai Mansel.

– Rwy'n dechrau meddwl y dylai Paul fod wedi derbyn cynnig Carla, sgyrnygodd Llinos.

– Dwi ddim yn credu bod angen ichi boeni am Carla, Ms Burns. Mae platŵn yn gwarchod y maes arbrofi. Mae'r maes ar rybudd coch felly mi allwch chi gysgu'n dawel heno cyn i Dr Price, yr Athro Edwards a Dr Fischer fynd ati i gwblhau'r gwaith yn y bore, meddai Bond. Edrychodd ar ei watsh a gweld ei bod hi wedi troi naw o'r gloch.

Gyda hynny clywodd pawb ddrws y labordy'n cael ei wthio ar agor. Eiliad yn ddiweddarach camodd Carla a Rhodri i mewn i'r ystafell â ffôn yr un yn eu dwylo. Roedd dau ddrôn maint llaw yn hofran yn yr awyr o'u blaenau.

Rhewodd pawb yn eu hunfan.

– Dwi ddim yn gwybod sut lwyddoch chi i ddod i mewn, ond mae ugain o filwyr arfog y tu allan a does dim un ffordd y gallwch chi ddianc... yn enwedig am fy mod i newydd wasgu'r botwm hwn i roi gwybod iddyn nhw fy mod i mewn perygl, meddai Bond, gan gyfeirio at y teclyn oedd yn ei law.

– Yn anffodus, all dim un ohonyn nhw'ch clywed chi. Mae'r ddau declyn yma wedi rhoi pawb i gysgu, meddai Carla a gwasgu'i ffôn fel bod y drôn yn hedfan uwchben Bond.

– Peidiwch â phoeni. Dy'n ni ddim wedi'u lladd nhw. Dim ond

eu rhoi nhw i gysgu am… tua deg awr, yn ôl ein gwyddonwyr. Dy'n ni ddim am achosi digwyddiad fydd yn cael ei ystyried fel gweithred ryfel, meddai Carla. – Mae ein gwyddonwyr wedi gwneud gwaith gwych. Er nad ydyn nhw wedi llwyddo i osod camera sy'n ein galluogi i reoli'r drôn o bell, mae'n gallu rhyddhau chwistrelliad sy'n cyflawni'i waith os ydych chi yn y fan a'r lle. Mi ddangosa i ichi, ychwanegodd, gan wasgu botwm fel bod y ddyfais yn glanio ar ben Bond.

– Nos da, meddai, wrth iddo ryddhau chwistrelliad i ben Bond. Syrthiodd i'r llawr yn anymwybodol cyn i'r drôn ddychwelyd at ei feistres.

– Sut ddaethoch chi o hyd i ni? Edrychodd Paul o'i amgylch yn wyllt a cheisio prynu amser.

– Roedd Ute a minnau'n gariadon. Hi fradychodd chi, chwarddodd Carla.

– O'n i'n amau 'ny… y bradwr, meddai Llinos a throi at Ute.

– Na. Dyw hynny ddim yn wir, Paul, meddai Ute, gan weld bod y drôn erbyn hyn yn hofran ger ei chlun.

– A phob tegwch. Mae hi'n dweud y gwir. Ond ei bai hi yw e'n anuniongyrchol, meddai Carla gan edrych ar Paul. – Wyt ti'n cofio pan brynais i groes Sant Christopher i ti yn Sir Benfro?

– Ydw… roedd tag GPS ynddo er mwyn i ti wybod ble ro'n i.

– Wel, mi brynais i anrheg fach debyg i Ute rhyw ddeufis yn ôl… yn fuan ar ôl inni ddod yn gariadon.

Griddfanodd Ute. – O na… feddyliais i ddim… mae'n flin gen i, Paul, meddai Ute.

– Nos da, cariad. Gwasgodd Carla'r botwm fel bod y drôn yn chwistrellu coes Ute. Syrthiodd honno i'r llawr.

– Roedd yr anrheg yn emwaith ar gyfer rhan feddal o'i

chorff… a dwi ddim yn sôn am ei chlustiau, chwarddodd Carla wrth iddi alw'r drôn yn ei ôl trwy wasgu'r botwm eto. – Ac yna roedd 'na dri, ychwanegodd, gan agor y drôn a thynnu'r ffiolau â'r cyffur cysgu ynddyn nhw allan a'u hamnewid am ffiolau eraill. Yna rhoddodd becyn tebyg i Rhodri, a wnaeth yr un peth â'i ddrôn yntau.

– Peidiwch â phoeni. Dwi ddim wedi'i lladd hi. Does dim angen ei harbenigedd hi i gwblhau'r cynllun… yn wahanol i ti, Paul. Dyw'n gwyddonwyr ni ddim wedi llwyddo i osod camera sy'n gallu creu lluniau o ansawdd digon da i reoli'r drôn o bell, sy'n golygu bod fy nghynnig i'n dal i fodoli. Mae 'na gwch yn aros amdanon ni ar draeth cyfagos, a fydd yn ein tywys ni at long danfor cyn i neb ddihuno bore fory… wyt ti'n dod? gofynnodd Carla, gan ddechrau troi a disgwyl i Paul ei dilyn hi a Rhodri.

– Na, atebodd Paul yn ddistaw.

– Na? Gad imi esbonio'r sefyllfa. Rwyt ti naill ai'n dod gyda ni ac yn achub bywydau'r Athro Edwards a Llinos, neu rwyt ti'n gwrthod, ac yn cael dy ladd gyda'r ddau arall fan hyn. Wrth gwrs, mi ofalwn ni mai'r gwaith ar y safle hwn fydd yn cael y bai am eich marwolaethau. Mi fyddwch chi, Athro Edwards, o dan eich enw newydd, Dr Richard Roe, yn cael eich beio am arbrofi â nwy nerfau pan ddôn nhw o hyd i gyrff y tri ohonoch chi yn yr adeilad yma bore fory, meddai Carla, heb sylwi bod Llinos â'i dwylo ym mhocedi'i chot ers rhai eiliadau.

Trodd Paul at Llinos. Amneidiodd honno ei phen. Safodd Paul yn ei unfan.

– Hei Ho! O'r gorau. Pwy ddylai fynd gyntaf, Rhodri? gofynnodd Carla, gan droi i wenu arno. Cododd hwnnw'i ysgwyddau a chadw'i lygaid ar Mansel.

– Rwy'n credu mai Miss Burns ddylai fynd gyntaf… am losgi

fy aeliau i ym Mhwllderi. Dechreuodd Carla wasgu'r botwm ar ei theclyn. Ond wrth iddi wneud hynny, camodd Paul ymlaen a sefyll o flaen Llinos.

– Na. Fi gynta, Carla. Alla i ddim diodde ei gweld hi'n cael ei lladd. Alla i ddim byw am eiliad hebddi… lladda fi gynta, meddai gan gamu'n araf tuag at Carla wrth i Llinos roi ei llaw chwith ym mhoced ei chot.

– Dim cam ymhellach, a symuda draw fel fy mod i'n gallu gweld Burns, sgyrnygodd Carla. – Roeddet ti wastad yn ddyn sentimental. Un o dy brif wendidau, Paul, os ca i ddweud. Falle dy fod ti'n iawn… mi fydd hi'n fwy melys o lawer i'w gweld hi'n dy wylio di'n marw'n gyntaf… mwy melys o lawer.

Ond fe fu Llinos yn brysur tra bod Paul yn siarad â Carla. Am fod Paul yn sefyll o'i blaen cafodd gyfle i dynnu'r drôn yn araf o'i phoced chwith.

Taflodd hwnnw i'r awyr cyn tynnu'r teclyn llywio allan o'i phoced dde. Gwasgodd fotwm arno.

– Cau dy geg, Carla, bloeddiodd Llinos, gan obeithio y byddai'r oriau di-ri yn chwarae ar yr Xbox yn fflat Liam yn ei helpu i lywio'r drôn yn effeithiol.

Dechreuodd Carla ei hateb.

– Pam ddylwn i wrando arna…

Ond cyn iddi fynd ymhellach, roedd y drôn wedi symud yn gyflym tuag ati, cyn diflannu mewn i'w cheg a dechrau'i thagu. Gollyngodd y ffôn oedd yn ei llaw a gafael yn ei gwddf. Trodd Rhodri mewn amrantiad a'i gweld hi'n syrthio ar ei phengliniau.

Yn y cyfamser, roedd Mansel Edwards wedi tynnu teclyn o ddrôr yn y ddesg o'i flaen a gwasgu botwm. Eiliad yn ddiweddarach, cododd drôn o fainc yng nghanol y labordy a hedfan drwy'r awyr, cyn glynu at yr un roedd Rhodri'n ei reoli.

Dawnsiodd y ddwy ddyfais yn yr awyr wrth i Rhodri wasgu botymau i geisio rhyddhau ei un ef. Roedd yn canolbwyntio gymaint ar ei reoli fel na sylwodd fod Paul wedi codi'r pwysau papur Isaac Newton oddi ar ddesg Mansel a rhedeg ar draws y labordy. Roedd Rhodri'n dal i ddefnyddio'i ddwylo i lywio'r drôn pan welodd Paul yn dal y papur pwysau uwch ei ben. Eiliad yn ddiweddarach sylweddolodd Rhodri wirionedd Deddf Gyntaf Newton, sef bod rhywbeth yn aros yn llonydd, oni bai bod grym y tu ôl iddo. Cwympodd yn anymwybodol i'r llawr. Neidiodd Paul arno a llwyddo i dynnu'r teclyn o'i law.

Daeth Mansel i'w helpu i ddal Rhodri i lawr rhag ofn iddo ddod ato'i hun, wrth i gyflwr Carla waethygu. Trodd Paul a gweiddi ar Llinos.

– Tynn y drôn mas o'i gwddf. Mae hi'n tagu.

Ond ni atebodd Llinos, dim ond camu'n araf tuag at Carla, cyn tynnu'r ffôn o'i llaw.

– Fydde fe byth wedi mynd gyda ti... ti'n gwybod hynny, on'd wyt ti? meddai'n dawel.

– Tynn e mas... paid â gadael iddi farw, gwaeddodd Paul.

Oedodd honno.

– Llinos! gwaeddodd unwaith eto.

Trodd Llinos at ei chymar ac edrych arno am eiliad cyn troi yn ôl at Carla.

– Agor dy geg.

Ufuddhaodd honno ar unwaith. Gwasgodd Llinos fotwm. Daeth y drôn allan o geg Carla a dychwelyd i ddwylo Llinos. Pesychodd Carla'n hir a dechrau dod ati'i hun.

Gwenodd Llinos, cerdded at yr ysbiwraig a phwyso drosti.
– Dyna fy ngwendid i. Mae'r galon wastad wedi rheoli f'ymennydd, sibrydodd.

10.

Aeth Paul, Llinos a Mansel ati i glymu Carla a Rhodri'n dynn at ei gilydd, cyn cymryd eu tro i'w gwylio'n ofalus drwy'r nos. Treuliodd Paul a Mansel yr oriau hynny'n trafod eu gwaith arloesol tra bod Llinos yn gwarchod yr ysbiwyr.

– Rwy'i wedi datrys y broblem gydag ansawdd llun y drôn, meddai Paul yn dawel wrth ei fentor, wedi i'r ddau dreulio hanner awr yn astudio dronau a ffonau Carla a Rhodri'n ofalus.

– Ro'n i'n gwybod y byddet ti'n llwyddo, chwarddodd Mansel gan glapio'i ddwylo mewn gorfoledd. – Mae 'da ti ymennydd gwych. Un o'r rhai gorau dwi wedi'i weld erioed. Ond beth oedd yr ateb? Beth o'n ni heb ystyried?

– Roedd hi'n weddol rwydd i'w datrys a dweud y gwir. Dwi ddim yn deall pam na wnaeth un ohonoch chi lwyddo.

– Paul Price. Wastad mor ddiffuant, meddai Mansel gan wenu'n ufudd ar ei brentis. – Fe lwyddest ti am nad ti ydyn ni, ychwanegodd a phwyso ymlaen yn ei sedd a sibrwd.

– Wyt ti'n fodlon ei rannu er mwyn cwblhau'r cynllun?

– Dwi ddim yn siŵr.

Daeth cwmwl dros wyneb yr hen ddewin gwyddonol.

– Rhyddid neu garchar yw'r dewis, Paul. Rwy'n deall pam rwyt ti'n siomedig fy mod i wedi creu'r cynllun, ond mae'n rhaid iti fod yn ymarferol. Meddylia am Llinos.

Cododd Paul ei ben ac edrych i fyw llygaid ei fentor. – Wyt ti am wybod pam dwi wedi dy feirniadu, Mansel? Y gwir yw, pan dwi'n edrych arnat ti, mae fel sefyll o flaen gwydr.

– Dwi ddim yn deall.

– Roedd Carla'n iawn. Ro'n i'n ysu am y cyfle i gwblhau'r cynllun er mwyn bod yn arloeswr a phrofi mai fi oedd y gwyddonydd gorau yn fy maes. Y gwir yw ro'n i am fynd i Rwsia.

Nid yn unig i achub bywydau Llinos ac Ute ond i ddarganfod y gwir amdana i'n hun... fel wnest di pan benderfynest di greu'r cynllun drôn. Roedd fy nghariad at fy ngwaith bron â'm dinistrio i fel mae wedi dy ddinistrio di.

– Ond mi benderfynest ti beidio â mynd i Rwsia neithiwr. Mi ddewisest ti gael dy ladd. Beth wnaeth iti newid dy feddwl?

Gwenodd Paul ac edrych i gornel y labordy lle roedd Llinos yn gwylio Rhodri a Carla'n frwd.

– Llinos, jest Llinos.

– Felly rwyt ti'n fodlon cwblhau'r cynllun?

Amneidiodd Paul ei ben.

– ... a cholli'r gêm er mwyn bod gyda hi. Rwyt ti wedi gwneud y penderfyniad iawn, Paul.

– Ydw... ond ar fy nhelerau i fy hun... a fydd yn rhoi cyfle i ti a fi atgyfodi.

– Ond sut?

– Beth yw esboniad syml Ail Reol Thermodynameg, Mansel?

– Yn fras... mae Ail Reol Anhrefn yn dweud taw'r unig ganlyniad posib yw colli'r gêm.

– Yn hollol. Ond y tro hwn rwy'n credu bod 'na ffordd o gael gêm gyfartal.

11.

Cododd Winston Williams am dri o'r gloch y bore hwnnw i fynd allan yn ei gwch pysgota ger pentref Tresaith, ddwy filltir o Aberporth. Erbyn chwech o'r gloch y bore roedd y cwch wedi cyrraedd cyrion parth gwaharddiad morol D201A Gweinyddiaeth yr Amddiffyn ym Mae Ceredigion, lle roedd dronau'r Llywodraeth yn cael eu harbrofi.

Ond nid oedd sŵn byddarol yr adar angau i'w glywed y bore mwyn a sych hwnnw o Fedi, wrth i Winston ddechrau paratoi i dynnu'r llinellau o fecryll tuag at ei gwch. Eisteddodd yr hen bysgotwr ar gaets yn llawn crancod roedd eisoes wedi'u casglu. Agorodd becyn o fwyd, codi brechdan gaws a dechrau'i bwyta.

Caeodd ei lygaid i fwynhau'r tawelwch. Doedd dim i'w glywed ond sisial y môr a sŵn pryfyn yn hofran uwch ei ben. Ni sylwodd Winston mai drôn gweithredol newydd Llywodraeth Prydain oedd y pryfyn hwnnw.

12.

Roedd yr hyn a broffwydodd Carla am effaith y dronau'n hollol gywir, oherwydd deffrodd y milwyr ddeg awr yn ddiweddarach, ac yna Bond ac Ute rai munudau wedi hynny.

Hanner awr yn ddiweddarach roedd Bond yn gwylio'r lluniau o'r pysgotwr yng nghwmni Mansel a Paul. – Mi allwch chi weld y blew'n tyfu o'i drwyn hyd yn oed. Anhygoel! Pa mor bell i ffwrdd mae e? gofynnodd Bond.

– Tua pum milltir. Ry'n ni'n ffyddiog y bydd gan y drôn lun o ansawdd derbyniol hyd at ugain milltir i ffwrdd, atebodd Mansel.

Munudau'n ddiweddarach cafodd Carla a Rhodri eu tywys allan o'r labordy a'u cludo i Lundain i gael eu holi gan swyddogion MI5 yn eu pencadlys ar yr afon Tafwys.

– Llongyfarchiadau. Ry'ch chi wedi atal y Rwsiaid rhag cael y llaw uchaf yn y ras. Ni enillodd. Wan-Nil! meddai Bond, yn gwenu ar Paul a Mansel.

– Ai dyna'r unig ffordd y gall dynolryw oroesi? Ni yn erbyn nhw… dim ond am eu bod nhw'n meddwl yn wahanol i ni?

Fel ddwedodd Montaigne am ganibaliaid... dyw arferion anwaraidd yn ddim byd mwy nag arferion sy'n wahanol i'n harferion ni, meddai Paul.

– Y ffordd ymlaen yw chwalu'r ffiniau a rhannu gwybodaeth rhwng pawb fel na fydd unrhyw un yn cael y llaw uchaf, ychwanegodd Mansel. – Dyna'r unig ffordd i chwalu'r *game theory* sydd wedi rheoli meddylfryd y gorllewin ers canol y ganrif ddiwethaf. Falle bod y system gyfalafol yn dod i ben a'i bod hi'n amser i bawb rannu gwybodaeth, ychwanegodd.

– Cytuno'n llwyr. Ond dwi'n credu ddylen ni gadw'r wybodaeth am y cynllun dronau dan ein hetiau y tro hwn gyfeillion, awgrymodd Bond.

– Rhy hwyr, ategodd Mansel.

– Rhy hwyr o lawer, ategodd Paul gan wenu ar ei fentor.

– Pam? gofynnodd Bond ac edrych yn wyllt o'r naill i'r llall.

– Mae'n debyg fod Carla'n un ohonon ni... wedi'r cwbl, meddai Llinos.

– Dwi ddim yn deall, dywedodd Bond.

– Dwi wedi edrych ar ei ffôn hi, ychwanegodd Paul.

– Beth sydd wedi digwydd? gofynnodd Bond gan wingo a rhedeg ei ddwylo drwy ei wallt gan deimlo nad oedd wedi llwyr lwyddo i gau pen ar y mwdwl.

Gwenodd Mansel cyn esbonio'n gelwyddog. – Ar ôl i Carla eich rhoi chi i gysgu, mi orfododd hi Paul a finnau i drosglwyddo'r wybodaeth am y cynllun dronau i'w ffôn symudol hi... cyn iddi anfon yr holl wybodaeth i'w meistri ym Moscow.

Edrychodd Mansel ar Paul, ac ychwanegodd – Yn ffodus i chi, Bond... mi lwyddon ni i oresgyn Carla a Rhodri... ond doedd gennon ni ddim dewis ond anfon yr holl wybodaeth am ein cynllun dronau ni, a'r dechnoleg y tu ôl i dronau'r Rwsiaid, at wyddonwyr eraill ar draws y byd, ac i wefan WikiLeaks, fel bod pawb yn cael gwybod am y dechnoleg... a gobeithio y bydd rhyw fudd yn dod ohono yn y pen draw... ac er mwyn... i ddefnyddio'ch term chi, Bond... niwtraleiddio'r sefyllfa.

Hanner caeodd Bond ei lygaid a gwasgu'i ddwylo'n dynn o'i flaen wrth i Llinos ychwanegu.

– Wrth gwrs, mi fydd Carla a Rhodri'n gwadu hyn i gyd... ac yn beio Mansel a Paul am anfon y ddamcaniaeth at bawb... ond falle bydd ein fersiwn ni o beth ddigwyddodd yn fwy buddiol i chi, Mr Bond.

– Pam hynny? gofynnodd Bond gan roi ei law dde ar ei dalcen.

– Am na fydd meistri Carla a Rhodri'n hapus iawn pan ddôn nhw i wybod eu bod yn gyfrifol am drosglwyddo'r wybodaeth am gynllun dronau Rwsia i MI5, dywedodd Paul.

– Moch cwta ar gyfer arbrofion drôns angheuol y Rwsiaid fyddai eu tynged... dwi'n siŵr y byddan nhw'n barod iawn i rannu'u gwybodaeth fel na fyddan nhw'n gorfod dychwelyd i Rwsia, ategodd Llinos.

Rhedodd Bond ei ddwylo drwy ei wallt unwaith eto. – Hmmm. Falle mai dyna'r canlyniad gorau i bawb... o dan yr amgylchiadau, meddai gan ddechrau meddwl sut y gallai atal yr wybodaeth rhag cyrraedd y cyhoedd. Cododd ei ben a gweld bod Paul wedi rhoi ei got amdano.

– Ble y'ch chi'n meddwl ry'ch chi'n mynd? gofynnodd.

– Ballybunion, Bond. Mae gen i briodas i'w threfnu.

– Rwy'n ofni y bydd yn rhaid ichi gael eich holi'n drylwyr yn gyntaf, Dr Price... *Debrief*... rhag ofn eich bod wedi anghofio dweud popeth wrthon ni... meddai Bond.

IV

Rheol 3:
Allwch chi byth ddianc rhag y gêm

1.

Chwysodd Paul yn ei gadair, gan geisio cofio'r ateb i gwestiwn diweddaraf yr holwr a fu'n ei gwestiynu'n dwll am dros awr.

– Am y tro olaf... dwi ddim yn cofio beth ddigwyddodd wedyn, meddai'n dawel a rhoi ei ben ar ei frest. Roedd yr arch-holwr wedi torri ei ysbryd o'r diwedd.

Gwenodd yr holwr cyn pwyso 'mlaen yn ei sedd a dweud yn dawel.

– Mi roiaf i un cyfle olaf i chi, Dr Price...

– Na... plis na... dwi wedi cael digon... dwi ddim yn cofio.

– Ydych chi'n siŵr?

Caeodd Paul ei lygaid. Gwyddai y byddai'n rhaid iddo ddweud rhywbeth wrth y fenyw gref hon neu fyddai'r artaith byth yn dod i ben.

– Ydw. Rwy'n cofio nawr. Jojoba yw'r defnydd gorau ar gyfer rhywun sy'n dioddef o Trichorrhexis nodosa.

Pwysodd yr holwr yn ôl yn ei sedd.

– Cywir, Dr Price. A gyda hynny rwy'n hapus i ddweud eich bod chi wedi pasio'ch asesiad NVQ Lefel 1.

Agorodd Paul ei lygaid a gwenu. Roedd wedi cymryd ei gam cyntaf tuag at yrfa newydd fel cynllunydd gwallt.

2.

Ni chafodd James Bond wahoddiad i briodas Paul a Llinos Burns, a weinyddwyd gan y Tad Eamonn O'Connor yn Eglwys Sant Ioan yn Ballybunion fis yn ddiweddarach. Ond roedd nifer o'r rheiny a fu'n rhan o anturiaethau'r ddau dros y chwe mis cynt yno, gan gynnwys Pat, Ciaomhe, Moragh, Declan a Liam Burns.

Roedd Pat, Declan a Liam yn edrych yn welw iawn yn dilyn

parti carw cofiadwy yng nghwmni Paul yn nhafarndai'r dref ddwy noson ynghynt.

Roedd Paul yn sefyll yn nerfus ar ei ben ei hun o flaen yr offeiriad yn aros i Llinos a'i thad, Joe Burns, gyrraedd.

Y tu ôl iddo, clywai Pat Burns yn ceisio darbwyllo tad Paul i brynu car Volkswagen.

– Gewch chi ddim car mwy dibynadwy na'r Volkswagen, Mr Price... ac mae gan y ceir diweddaraf declyn sy'n lleihau'r allyriadau i'r eithaf, meddai Pat.

Roedd gweddill teuluoedd Paul a Llinos yno hefyd, yn ogystal â'r plismon, Jim Marshall, a helpodd y ddau i oresgyn yr ysbiwyr ym Mhwllderi.

– A sut y'ch chi'n nabod nhw? gofynnodd mam Paul iddo.

– Roedden ni'n hoffi saethu gyda'n gilydd, atebodd Jim Marshall, gan gofio sut y llwyddodd i atal yr uned ysbiwyr rhag lladd Paul a Llinos ym Mhwllderi saith mis ynghynt.

– A beth oeddech chi'n hela?

– Creaduriaid ysglyfaethus, Mrs Price.

Cafodd Otto Grünwald, Lotte Spengler a'u ffrindiau, Florian a Greta, wahoddiad i chwarae eu cerddoriaeth Wmpa yn ystod y dathliadau yn dilyn y briodas. Roedd Otto a Lotte erbyn hyn wedi cael swyddi ym mhrifysgol Munich, ar ôl i Paul awgrymu i Bond y dylai Llywodraeth yr Almaen ddiolch iddyn nhw am wneud eu rhan i helpu i amddiffyn Ewrop.

Roedd Lotte hefyd yn gyfrifol am y gerddoriaeth yn y gwasanaeth priodas ei hun. Gwenodd ar Paul gan weld bod y priodfab yn crynu trwyddo, yna wincio arno pan welodd fod Llinos a'i thad wedi cyrraedd yr eglwys. Trodd at yr offeryn a dechrau chwarae 'Ymdeithgan y Briodferch' gan Wagner.

Trodd Paul i weld Llinos yn sefyll wrth ei ochr, yn gwisgo fersiwn gwyn o'r dirndl oedd ganddi amdani ar y trên o Munich i Brâg.

– Ddwedest ti 'mod i'n edrych yn anhygoel yn y dirndl, sibrydodd yng nghlust Paul, cyn troi at yr offeiriad.

– Mae popeth amdanat ti'n anhygoel, Llinos. Wnai byth anghofio ti'n amneidio dy ben i ddangos dy fod ti'n barod inni farw gyda'n gilydd yn Aberporth pan oedd Carla am imi fynd i Rwsia, meddai Paul gan edrych yn gariadus ar ei ddarpar wraig.

– Ond Paul... wnes i amneidio fy mhen i ddynodi y dylet ti fynd i Rwsia.

– Pam fyddet ti'n gwneud hynny, y dorth? atebodd Paul.

– Paid â galw fi'n dorth o flaen pawb, sibrydodd Llinos.

– Yr het, 'te!

Penderfynodd y Tad O'Connor fynd ymlaen â'r seremoni cyn gynted â phosib rhag ofn i'r ddau newid eu meddyliau.

– Y modrwyon os gwelwch yn dda.

Doedd neb wedi sylwi cyn hynny ar y drôn bychan oedd wedi teithio'n araf ar hyd llawr yr eglwys. Cododd yn uwch a hofran o flaen Paul a Llinos. Rhewodd y ddau gan wylio'r ddyfais yn eu llygadu. Yna'n araf, agorodd i ddatgelu dwy fodrwy sgleiniog y tu mewn iddo. Trodd Paul a gwenu ar ei ffrind a'i fentor, Mansel Edwards, oedd yn eistedd yng nghefn yr eglwys ac yn llywio'r unig ddrôn, o bosib, a fyddai'n dod â hapusrwydd yn ei sgil.